洞見 IS THAT TRUE?

Critical Thinking for Sociologists

Across disciplines, critical thinking is praised, taught, and put into practice. But what does it actually mean to think critically? In this brief volume, sociologist Joel Best examines how to evaluate arguments and the evidence used to support them as he hones in on how to think in the field of sociology and beyond.

Joel Best
喬・貝斯特

吳妍儀 ——— 譯

目次

致謝 Acknowledgments

我想要感謝跟我談過這個計畫、或者看過此書各種版本草稿並給予意見的人。這些人包括Eric Best、Katie Bogle、Aaron Fichtelberg、Ken Haas、Scott Harris、Jim Holstein、Brian Monahan、Larry Nichols、Dan O'Connell、Diane Pike、Milo Schield、Mac Sommerlatte，以及Dave Schweingruber。他們提出很多非常有幫助的建議，我採納了其中許多個，但對於本書的缺點，他們不需要負任何責任。我想要特別感謝加州大學出版社社會學主編Naomi Schneider，還有本書手稿的文字編輯Anne Canright。

CHAPTER

1

什麼是批判思考？
What Is Critical Thinking?

就像政客都會支持母職與美式蘋果派一樣，幾乎每個教書的人都讚揚批判思考[1]。大學教授都同意，他們希望自己的學生變成批判思考者，但較低年級的教師也這麼想。我聽過小學一年級跟二年級的老師宣稱，教導批判思考是他們最重要的工作之一。大多數教育者都有這種打算[2]。

不過我們可以懷疑的是，實質上每個人都同意某樣東西很好的時候，他們可能對此各有不同定義。批判一詞可能有許多不同的意義。我想起某回我以正面的方式談到批判思考時，有個學生驚恐地一縮：「噢，我不想變成一個很愛批評的人！」然後，還有些社會學教授會大膽宣稱，他們擁抱「批判性種族理論」，或者「批判性動物研究」，或者……你懂吧。這種用法的**批判**，通常表示他們的研究路線跟某一種自由派／進步派／基本教義派／左派政治觀點，是站在同一陣線。實際上，他們把批判一詞當成某種品牌名稱，用來對比他們與敵對思想學派的路線；他們指控敵對思想學派支持現狀。雖然他們可能假定採用「批判性的」路線，讓他們成了批判思考家，我會在這裡講到的「批判思考」，卻不是這個意思。

更確切地說，這本書把批判思考看成是一組用來評估各種**主張**的**工具**。一個主張指的是斷言「某件事就是這樣」的任何陳述。在對話裡、閱讀中、媒體上，說實在話，就是在我們連結到其他人的幾乎每個場合裡，我們時時刻刻都會碰上各種主張，而我們全都必須學著詮釋那些主張。我們把種種主張分類成比較可信或比較不可信的，用像是**事實**或**資訊**這樣的詞彙，來確認看似健全的主張，還用像是**謠言**或**造假**來標記看似比較可疑的主張。我們很早就開始學習做出這些區別：很多親職教養，就牽涉到幫助小小孩變得更能評估他們聽到的事情（「他只是在逗你玩」，「我真的很認真」，「那只是一個故事」）。在某個時間點，孩子們必須學會區別電視節目與廣告的內容，並且理解廣告公司的主張可能不完全真實。隨著我們的年齡增長，我們學到奉承跟稱讚可能不會揭露其他人實際上在想什麼，就像我們大多數人學會了在選戰期間把競爭陣營的主張打點折扣。我們學會分辨有問題的主張，跟看起來比較可能為真的主張。

批判思考的能力很重要。想像一個無法批判思考的人：這個人太容易接受暗示（而且渾身破綻），以至於他或她會接受每則廣告的建議，衝出門去買廣告中的產品，而且發現每個政治人物都很有說服力。很明顯的是，鮮少有人耳根子這麼軟。可是，雖然對於想賣東西給我們的人心存疑慮、甚至處處懷疑是很有用的技巧，這樣還不夠。我們不斷接觸到各種主張：出現在新聞報導、書籍與文章裡；來自廣播、電視與線上名人；在部落格文章、Podcast、下載的影片還有社群媒體上。我們要怎麼評估所有這些主張？我們如何能夠區分或許可接受為真的主張，還有應該加以懷疑的主張？

怎麼做這些判斷，大家各有不同的標準。有一種在整個歷史上都很流行的標準，就是假定我們已經知道什麼是真的——某本聖典裡包含了我們需要知道的所有真理，光看這些主張是否跟這部聖典相符，我們就可以下判斷了。或者，某些偉大的思想家——比如說亞里斯多德、孔子或馬克思——已經解釋了世界如何運作，而我們可以根據這些現代主張有多符合古典詮釋，來評估這些主張。預設你早已知道什麼事情是正確而真實的，可能很有安慰作用，就算只是因為這樣做理直氣壯地忽略了異議者。任何曾經涉入宗教爭論中的人都知道，相信某種權威教條的人很難撼動。

本書裡呈現的批判思考，是評量主張的一種途徑，更審慎節制而有所不同。批判思考沒有直接假定我們已經知道何者為真，而是要求我們考慮自己的假定有誤的可能性。基本上，**批判思考跟證據有關**。證據是能夠幫助我們判斷一項主張是否為真的資訊。我們聽到一種主張的時候，我們應該評估支持與反對它的證據。這個主張可能是關於某件小而個人的事情（「我超愛你弄成那個髮型」），或者以更大得多的閱聽眾為目標（今天的頭條新聞）。事情大小不重要。批判思考牽涉到檢視某項主張的證據，並且決定它是否讓人信服。所以，這本書講到的「批判思考」，意謂著權衡證據、並且在較強證據與較弱證據之間做出區別的種種方式。

這種批判思考有其歷史。這種思考方式，是在啟蒙運動期間開始流行——這個長達數世紀的運動，駁斥了所有真理都可以在聖經或亞里斯多德作品裡發現的觀念。大家反而開始收集並評估可觀察的事實以及資訊——也就是證據。舉例來說，他們用望遠鏡來觀察行星與恆星，而他們看到的東西讓他們相信地球繞著太陽轉，因此抵觸了神學家堅持的看法：地球是宇宙的中心。後來，他們用顯微鏡確認了似乎導致疾病的微小生物，這導致醫學權威很不情願地否決了亞里斯多德的致病模型（四種體液的不平衡讓人生病）。這些辯論很難纏：某些神學家與醫師從未停止對抗新觀念。但在今天，那些證據已經勝出：大多數人接受地球繞行太陽，細菌可以導致疾病。然而我們繼續爭論很多別的事情。大多數人現在同意證據很重要，雖然對於證據證明了什麼，他們可能有不同意見。

從權衡證據的意義上來說，批判思考是一種技巧。這種技巧可以學，而且隨著練習會變得愈來愈好。或許你很訝異會有這麼多教育者同意，教導批判思考很重要。畢竟你讀的高中可能沒提供批判思考課程。你會上數學或科學、語言或文學，還有社會研究或歷史。但你的老師們可能還是認為，所有這些課程都在教批判思考技巧：數學教你做數學推論，文學課牽涉到分析戲劇與詩歌，歷史鼓勵你評估關鍵事件的不同解釋等等。那些課程都是設計來教導你某些關於數學、文學與歷史的實質內容，但也企圖讓你成為更懂得批判思考的人：這樣的人不只對這些學科本身略有所知，也能夠把這些課程教的分析技巧，應用在各式各樣的主題與脈絡上。

學會做批判思考，是教育程度與收入之間為何有強烈相關性的主要理由之一：平均而言，高中畢業生賺得比中輟生更多；受過一點大學教育的人，賺得比不超過高中程度的人來得多；大學畢業生賺得比沒拿到學位的人多上許多；而繼續完成碩士或博士學位的人，賺得比大學畢業生更多。為什麼這會是真的？有很多高中與大學課程，似乎並不直接跟大部分的工作相關。但比起那些課程涵蓋的主題，更重要的是學到在大學裡表現良好所需要的批判思考技巧。一位大學畢業生應該已經學會思慮周到地閱讀，足以理解困難的閱讀材料、找到資訊，並且評估其品質，然後發展、組織並呈現他們自己推論過的論證。藉著完成課程作業──閱讀指定讀物、讀書準備考試、寫期末報告等等──學生們發展並使用逐漸變得複雜成熟的批判思考技巧。說到底，就是那些相對來說罕見而珍貴的技巧，讓教育程度較佳的人有資格做薪水較高的工作。

換句話說，雖然批判思考一詞可能看似模糊、抽象或不實際，實際上卻是教育的關鍵。請考量一個有時候會拿來問小學生的問題：「一個羊群裡有一百二十五頭羊與五隻狗。牧羊人年紀多大？[3]」數學教育家指出，大多數孩子面對這個問題的時候，會假定提問者要求他們一定要提出一個數字，像是二十五（一百二十五除以五）。畢竟學生經常碰到要求他們計算正確數字答案的「應用題」。可是牧羊人問題並沒有給我們任何與解題相關的資訊；綿羊的數目或者狗的數目，對於牧羊人的年紀都沒有提供任何線索。正確的答案是，無法知道牧羊人年紀多大。要得出這個答案，牽涉到批判思考——評估可得的資訊是否足以回答這個問題。另一種說明方式是，教育應該教導學生區別有道理與沒道理的說法。說到底，批判思考是一組極端實用的技巧。

評估證據的方式有很多，不同的學科傾向於強調不同的批判思考技巧[4]。這本書討論的是社會學家的批判思考。為什麼挑社會學？首先呢，我是個社會學家，所以這是我了解、研究並且教導別人的東西。有很多書用非常概括性的方式切入批判思考。其中許多書是由哲學家所寫的，而我通常會發現這些書抽象得要命。我對批判思考的宏觀理論原則比較沒興趣，比較想了解實際工作中的社會學家，能夠如何更有批判性地思考。

這本書特別注重的地方，是批判性地思考社會學家及其他社會科學家對社會議題所提出的論證。非常簡單地說，社會科學牽涉到做研究——確認、收集與評估出自我們這個社會世界的證據——以便更了解社會生活。社會科學家以這個研究為基礎所提出的論證，嘗試解釋人如何、還有為何以他們這樣的方式行動，還有這樣的行為如何能夠加重（或降低）社會問題。並不是所有對社會行為的解釋，都牽涉到科學推論。舉例來說，某些人可能這樣解釋犯罪：說「人天生就會犯道德之罪」（一個奠基於特定宗教教誨的論證），不過那個主張對社會學家來說並不特別有用，因為這並不是一個可以測試的社會科學命題。什麼是可以測試的命題？那是我們會在這本書裡探究的事。

因為我是個社會學家，我的很多例子都會牽涉到社會學議題，但大多數我要說的事情，都可以應用到其他社會科學方法上。這包括其他學門的社會科學部分，像是人類學、傳播學、犯罪學、經濟學、地理、歷史、政治科學與心理學，還有各種跨學門「研究」學程，其中包括區域研究（像是非洲研究或東亞研究）、族裔研究（像是黑人研究還有墨西哥裔／拉丁裔研究），以及婦女研究。社會科學論證有時候也出現在牽涉到專業人士與客戶一同工作的各種應用學門上，這些學門通常在商學、教育學、法學、醫學、公共政策及社會工作學院裡。

在所有這些學門裡，都有人設法要從科學上理解社會生活——也就是說，以證據為基礎，解釋人類的行為模式。結果產生的論證很重要，因為它們通常被用來辯護影響許多人的社會政策。所以，我們需要能夠批判性地思考這些論證。但在我們能夠把重點放在社會學家如何思考之前，我們需要先考量論證如何運作。

批判思考重點整理

- 批判思考意謂著透過權衡支持論證的證據，來評估論證。

CHAPTER

2

基本事項：論證與假設
The Basics: Arguments and Assumptions

在這本書裡，**論證**（argument）一詞就只意謂著一種說服的嘗試，一種包含一個或更多個主張的推論路線，會導向一個結論。一個論證不需要很戲劇性，或者很有敵意。如果約翰說：「既然現在正在下雨，而且我們不想弄濕身體，我想我們應該晚點出門，等到雨停為止，」他是在提出論證。這個論證由提供基本資訊（現在正在下雨）的**立場**（ground），證成得出某個結論（我們不想弄濕身體）的**論據**（warrant），還有**結論**本身（conclusion，所以我們應該留在室內等雨停）[1]。

批判思考指的是評估或評量一個論證，看它是否有說服力。舉例來說，在考量約翰的論證時，你可能會問現在是否還在下雨，雨勢是否強到讓外出變得不舒服，你是否真的在乎弄濕，或者你是否有某種緊急理由要現在外出，這樣弄濕身體似乎就沒那麼重要了。依據不同的答案，你可能同意這論證有說服力，並且選擇留在室內，也可能認為這個論證沒有說服力，決定冒險外出。

因為所有論證都是由立場、理由與結論組成，批判思考需要評估其中的每一個元素。立場陳述是關於事態的主張。在約翰的論證中，他的立場是很直截了當的主張：現在正在下雨。要評估這個主張，我們可以看外面確認是否在下雨，或者我們也能夠討論雨下得到底有多大、或是討論「下雨」實際上的意義——只是水霧、毛毛雨或者下小雨，還有這樣的降雨量足夠讓我們想要留在室內嗎？其他主張（像是「貧窮是由歧視與其他有問題的社會安排所導致的」，或者「貧窮是由不鼓勵努力的文化所導致的」）可能有種種更加複雜的證據支持——例子、統計數字、定義等等——而且有各式各樣的方式切入這樣的立場陳述。這些陳述看來為真嗎？我們有足夠證據評估這些陳述嗎？證據看來很強，或者它有弱點？還有其他我們會想要知道的事嗎？……如此等等。論證可能有很複雜詳盡的立場，由好幾種陳述組成，而且可能有很多理由批評這些立場。

論據是證成理由（justification）；它們牽涉到價值觀。我們不想弄濕身體這個論據，證成了約翰的結論。考量論據可能是件麻煩事。有時候，論據是隱而不顯的：如果這個人提出論證，而聽者分享同樣的價值觀，把論證的論據講清楚可能顯得沒有必要。也就是說，約翰可能假定要是可以避免，就沒有人想弄濕身體，所以不用費事講明論據，只要這麼說：「既然現在正在下雨，我想我們應該晚點出門，等到雨停為止。」批評論據可能會讓人很不自在，因為如果評論者在鼓吹的價值觀跟提出論證的人不同，批評就可能會讓人注意到根本的意見分歧。但在任何論證之中，論據仍然是根本的元素，而就像立場一樣，我們可以對論據做批判性的評估。立場跟論據形成了論證結論的基礎，像是**因為**（because）或者**既然**（since）這樣的字眼，可以顯示它們的目的（如同我們舉的例子：「**既然**現在正在下雨……」）。

最後，一個論證所呈現出的結論，是立場加上論據的邏輯結果。有時候，是**所以**（so）或者**因此**（therefore）這類的詞彙標示出結論；換句話說，結論是隱而不顯的。或者我們可以把論證塑造成一則如果……那麼……形式的斷言：如果我們可以同意現在正在下雨，而且我們不想弄濕身體，那麼我們就達到了應該留在室內的結論。但我們也有可能批評一個論證的結論，指出為何結論不必然順理成章。也許這是個緊急事件（我們的冰淇淋吃光了！），就算正在下滂沱大雨，我們也需要出去；或者我們可能有夠多的雨傘跟雨具，讓我們可以保持舒適的乾燥狀態。雖然提出論證的那些人通常指出，他們的結論是唯一可能的結論，還是有可能對結論、還有立場與論據，提出批判性的意見。

我是從哲學家史蒂芬・圖爾明（Stephen Toulmin）的《論證的用途》（*The Uses of Argument*）裡，借來立場—論據—結論的框架。哲學家企圖設法要理解論證，已經有很長的歷史；他們通常寫到的是兩種主題：修辭學（rhetoric）與邏輯。修辭學是對說服方法的研究，要理解的是論證如何、還有為何顯得有說服力。舉例來說，約翰指出現在正在下雨，就足以說服我們待在室內嗎？或者可以更動這個主張，好讓這個論證看似更有說服力——比方說，約翰斷言不只是「現在在下雨」，而是「正在下著滂沱大雨」？至於邏輯，則是嘗試評估論證的力量，看這些立場與論據是否足以說服理性思考的人接受論證的結論。邏輯學家（研究邏輯的哲學家）鑑別出邏輯謬誤——形式有缺陷的論證，不必然會導出結論。（我們在後面的章節裡，會談到更多跟謬誤有關的事。）

每個論證都仰賴假設。通常這些假設是立場或論據中沒有明講、被視為順理成章的部分。不需要為此擔憂。舉例來說，我們例行性地假定重力在作用中，而且我們談話的對象無疑也同意（除非我們的主題剛好是在外太空）。不過有很多假設可能出問題。

在你跟某個宗教信念或政治意見和你非常不一樣的人說話時，可以預期會有意見分歧。一個很有信心、相信有神存在的人，跟另一個就是不信的人之間進行的對話，很可能到頭來毫無交集。雙方不但都做出對方不會接受的批判性假設，可能也都把自己的假設視為理所當然，而沒有領悟到那就只是個假設而已。對我們來說，甚至連辨識出自己的假設可能都很難，而要對此做批判思考當然很難，因為說到底，我們已經確信這些假設是真的了。

然而對於論證來說，假設是必要的。對於我們所做的每個主張，不能期待我們提供導出該主張（比方說，關於重力）的完整推論鏈。與此同時，我們需要承認我們確實會做假設，而且要做好準備，在受到質疑的時候，解釋與辯護這些假設。

比起批評跟你觀點不同的人提出的論證，要對你贊同的人所提的論證做批判思考，通常會更棘手得多。在跟我們不同意的觀點對質時，要拆解論證、並且指出其中有缺陷的假設與推論，我們會覺得很容易。同時，跟我們觀點相同的人提出的主張，我們可能就會放過。我們告訴自己，也許他們的論證並不完美、證據有點弱，或者邏輯有點缺陷，但我們不該太嚴苛，因為基本上我們同意那些人是對的。在接下來的章節裡，這個議題會重新出現好幾次。

如果說對我們的同路人提出的論證做批判思考很困難，要批評我們自己提出的論證更是難上加難。我們對於自己馬虎的思維，很容易就發展出一種選擇性盲目。這樣也很危險：因為如果我們對自己的論證不做批判思考，其他人就會發現要挑戰我們的主張很容易。更好得多的做法是檢視我們的論證，考慮它們的限制，然後在我們把論證呈現給別人看以前，就先處理那些問題。我們應該設法讓自己的推論就算不是天衣無縫，至少也要盡可能地難以批評。所以在許多方面，**批判思考最重要的形式，就是我們應用在自己觀念上的思考，這讓我們能夠處理在自身推論過程中看到的任何問題。**

所有批判思考都牽涉到評估立場、論據與結論。這不像表面上看來那麼簡單，因為要做這些評估有很多方式。雖然這本書大半會聚焦在社會學家和其他社會科學家提出的論證上，剛開始先檢視我們在日常處境中碰到的種種論證，會很有幫助。

批判思考重點整理

- 所有論證都包含立場、論據、結論與假設。批判思考牽涉到評量這些元素。
- 在你有異議的時候，對論證做批判思考是最容易的，在你意見相同時就比較困難，而在提出論證的人就是你的時候最困難。

CHAPTER

3

日常論證 Everyday Arguments

我們許多人討論——甚至是辯論——社會的不同面向。從最新頭條新聞、到散步穿過我們的社區在內的任何事，都可以激發這樣的對話。有人提出一個意見，別人就會加入表示同意或不同意，然後我們就討論起來了。

這些對話通常很輕鬆，對於你能不能發表意見，沒有太多的規則。一般人提出的論證——有他們的立場、論據與結論——不會受到太仔細的檢視。因此在這些情況下，對於我們可以把什麼稱為批判思考，並沒有很清楚的標準。

這一章檢視了有缺陷的日常論證中的某些共通元素。這些論證會讓人很想使用，甚至可能乍看很有說服力，但我們需要理解的是，這些論證有其限制。

軼聞

論證常常以某個人自己的經驗為重點：「就在前些天，我看到……」通常這些故事的用意，在於為講者理解中常見的某種事情提供第一手證據，或者提出一個特例，來支持某個涵蓋範圍更廣的主張：「我在一間餐廳裡看到坐在同一桌的兩個人，各自緊盯著自己的手機。我們失去彼此面對面談話的能力了。」

在其他例子裡，軼聞並非第一手。講者反而是在轉述一個他或她從朋友或新聞上聽說的故事。話說回來，講者的言下之意，就是這個例子在某種程度上來說很典型。因此，某人用詐欺手段從社會福利計畫中撈好處的一個例子，可以用來論證這個計畫的許多受益人並不真正需要、或者配得上得到協助[1]。

這種軼聞對於講述者來說可能相當有說服力，但不應該把它們看成特別強的證據。某個故事很獨特、或者讓人記憶深刻到足以引起你的注意，這個事實本身可能就透露玄機，顯示這個例子根本一點都不典型。單單一個例子（比方說，你認識一個你覺得很懶的窮人）要變成大範圍的普遍歸納（所有窮人都很懶），基礎很薄弱。畢竟，我們居住在一個有數十億人口過著各種生活的大世界裡。講某個我們親眼見證過的故事，無法代表整個世界的複雜性，就像任何一張照片，都無法描繪出我們可能見到的一切。就算某個人可以用兩個、三個、甚或更多個例子娛樂大家，我們還是需要了解，我們全都在多多少少受到限制的社交情境裡活動。就以我們認識的某位老師莎莉為例，她抱怨她的某些學生表現出糟糕的行為。或許她可以提供很多範例，或許她說服我們相信她班上的學生確實是一群難搞的人。但我們能多有自信地說，她在她班上的經驗，告訴我們很多在其他班級、或其他學校裡發生的事？

軼聞幾乎免不了講到非典型或者不尋常行為——某種抓住講者注意力，而且似乎有趣到足以跟別人分享的事情。在開車穿越車陣之後，我們不太可能告訴任何人說，我們親眼見到其他駕駛都看到紅燈就停；是闖紅燈的駕駛才會變成軼聞。

假設卡洛斯告訴你，他就看到這種闖紅燈駕駛，然後他聲稱：「路上有這種駕駛，讓交通變得愈來愈危險。」然而，要是你檢視交通執法單位收集的統計數字，你會發現事實上在過去數十年裡，交通事故致死率急遽下滑[2]。很明顯，這並不表示卡洛斯沒看到某人闖紅燈；但這可能讓我們質疑他的結論：闖紅燈的駕駛證明了今日的道路比過去更危險。

當然，如果你評論說交通事故致死率下降了，卡洛斯可能回應說這樣的統計數字不相干：畢竟在他看到的那名駕駛闖紅燈時，並沒有人因此身亡。這引出一個關於證據的重要論點。證據幾乎從不是完整或者完美的。我們沒有辦法得知駕駛闖紅燈的準確比率；我們無法監控每個駕駛在每個紅燈前的做法，就算可以，我們也無法回到過去做類似的測量，所以我們不可能證明闖紅燈的比率在升高（或者下降）。所以我們尋找**可得的最佳證據**。我們可能假定，相對於許多可能從未引起執法單位注意的輕微擦撞車禍，嚴重到足以造成死亡的車禍幾乎肯定會被報導，而交通事故致死數字可能就因此有合理的精確性。所以，用交通事故致死率在下降的證據，來反駁卡洛斯所說的闖紅燈駕駛軼聞，並不是不合理的。想來如果危險駕駛變得更常見，車禍應該會增加，致死率也應該增加。

要繼續辯論交通事故致死率做為證據的價值，肯定是有可能的。舉例來說，卡洛斯可能會提出意見，危險駕駛的增加可能導致非致命車禍大幅增加。但要是沒有更多證據支持這個主張，他的論證就缺乏力道。此處的重點是，證據是成功論證的關鍵。

軼聞有另外一個特色：它們通常描述一連串的事件——Q發生了，R接踵而至，而這導致S。重要的是，我們要體會到這樣的故事或敘事，有其自身的限制。任何敘事都必然是選擇性的；不可能講一個事事毫無遺漏的故事。強調Q－R－S這個序列，免不了就忽略了A到P。

對於一段敘事做批判思考的方法之一，就是質疑其中對於各種元素的取捨。所有相關事件都被包括在內了嗎？這一連串敘事中，有某些部分是不相干的嗎？也就是說，補充某些元素（把故事說成是P－Q－R－S，而不是Q－R－S），甚或是去除一部分（這樣我們就只剩下Q－S），會更容易理解嗎？對於某件事情為何發生的意見分歧——從我們為何到頭來在這間餐廳吃飯，到奴隸制度是否導致南北戰爭——通常問題核心在於選擇哪些元素來理解故事。

甚至在我們對故事裡的基本元素意見一致時，我們還是可能對這些元素有不同詮釋。卡洛斯講起那個闖紅燈駕駛的故事時，他指出駕駛就只是很魯莽，但一個批評者或許會提出其他可能的解釋：也許這名駕駛有緊急事件，或任何其他要務。同意一系列事件裡有哪些元素是相關的，並不必然表示大家就會同意某一種詮釋。請注意，我們可能傾向於接受某些故事，因為這些故事相當符合我們對於什麼事情才相關或真確的想法，而我們抗拒其他故事，是因為它們似乎牴觸了我們相信的事情。

我們全都會利用軼聞。故事可以讓事情看似變得更清楚，這就是為什麼寫作者跟記者通常用一個例子來替他們的書或新聞報導做開頭，以便賦予他們的主題一種人性的向度。不過軼聞有其極限。如果某人做了個全面性的宣言——「全世界都要下地獄啦！」——而別人要求他提出證據——「你為什麼這樣說？」——然後他以一則軼聞來回應，例如說，大家都在看自己的手機或者闖紅燈，猛一看這個簡單的證據，可能看似充分到能夠支持結論。不過把軼聞拿來當證據，總是薄弱、不完美又不完整的。如果我們想要理解社會生活，我們應該設法超越只是訴諸特定例子的程度。

人身攻擊論證

人身攻擊論證把焦點放在說了某些話的人身上，而不是他們所說的話。聲稱「噢，那個人是個環保分子（或者保守派，或者——，空白處請隨意填寫），所以我用不著聽」，以此拒絕訊息，因為這些訊息是來自某個特定的信使。這是很危險的，因為這樣隔絕了聽者跟那個人可能提出的任何想法。

當然，人對很多事情會有不同意見。不過，對於意見不合的人可能說的任何話，你要是認為只能立刻忽略或拒絕，就是個錯誤。因為一個論證有弱點而拒絕接受沒問題，但不要只因為這個論證是你可能不贊同的某類人提的，就加以拒絕。

人身攻擊論證的網羅可能很誘人。我們大多數人都有複雜的身分認同，其中包括特定的政治或宗教觀點，而我們知道其他人不同意這些看法。自視為自由派的人士明白其他人自視為保守派，反之亦然。我們或許可以大致勾勒出圍牆另一邊的人在想什麼，而且或許會發現可以料中他們提出的論證；我們可能自認為已經知道他們要說什麼了。但只因為提出論證的人屬於意見與我們相左的範疇，就忽視他們的論證，仍然是推論上的錯誤。

人身攻擊（ad hominem）這個詞彙是拉丁文，意思是「針對個人」；這種錯誤，意謂著發言時針對提出論證者想來應該有的動機或偏見，卻忽略論證本身的內在邏輯或證據。這是在數世紀前就被點名過的邏輯謬誤，當時的讀書人是用拉丁文寫下他們的分析[3]。

批判思考的關鍵是評量證據。評量並不等於接受。如同我們已經注意到的，這樣論證沒什麼錯：一則軼聞是相對來說較弱的證據形式；對於某個特定事件的描述，是做出大範圍普遍歸納的貧弱基礎。不過，這完全不同於因為講故事的人抱持的信念與你有別，就拒絕承認這則軼聞有相關性。

激烈衝突通常導致對手之間發展出對彼此有敵意的蔑稱——以族裔、宗教或政治為基礎的誹謗之詞。這些標籤被扔來扔去，還會鼓勵種種人身攻擊式的批評：如果珍是一個（貶抑性質的標籤），那麼我們就不需要聽她的觀點，甚至不必理會她的證據——無論她提出的證據是要支持自身的主張、還是要批評我們的論證。這種思考路線很誘人，因為這樣似乎讓我們有藉口不必認真看待我們的對手。而且這讓我們回到熟悉的誘惑：直接批評我們對手的論證（或者乾脆加以忽略），而不是進行更有挑戰性的任務——批判性地思考我們自己在回應中提出的主張。人身攻擊論證極端危險，因為這種論證導致我們在觀點相同的人群中抱團取暖，同時又阻擋我們運用自身的能力，進行批判思考。

雖然這一章是聚焦在日常論證的陷阱之上，在後面處理社會學推論的章節裡，我們會有機會進一步討論人身攻擊論證。

神話／迷思

就像人身攻擊批評，說某件事物是一種「神話／迷思」，是另一種合理化立刻屏棄一個論證、不考慮其中優點的做法。民俗學家——實際上研究神話／迷思的人——是用神話一詞來指涉關於男女神祇、還有世界如何成形的故事。不同的文化有不同的神話——希臘人與羅馬人、北歐人、還有納瓦荷人，所有人都有他們自己的神話體系。然而在日常對話裡，說某樣東西是一種迷思，就是論證說這是假的，只有想法錯誤的人才會相信。想來這個推論過程是，既然我們認為以愛神或雷神為主角的故事是虛構的，這些神話的關鍵特徵必然是它們並不真實。社會科學家有時候是用這種方式使用這個詞彙。舉例來說，人們可能發現一些強暴迷思的清單——好幾組關於強暴的陳述，某些人可能相信，但分析者堅持認為這些陳述根本不真實（例如，「女人煽動男人施暴」、「女人幻想被強姦」）。同樣地，也有婚姻迷思、災難迷思、移民迷思等清單。

如同我們所看到的，檢視關於某個主張的證據，然後論證說證據太過薄弱、所以該被排除，並沒有什麼不對。至於替這樣的主張貼上迷思的標籤是否有幫助，就沒那麼明確了。說一個主張是迷思，等於光憑著宣稱它是假的，就把它打發掉了：「某些人相信發生了X，不過這不是真的；這只是個迷思。」但這是什麼意思？這個論證說這是迷思，是因為X從未發生，或者X發生了，只是頻率不高，還是什麼別的意思？跟人身攻擊論證很像，迷思標籤提倡立刻屏棄某個論證，卻沒有實際上評量過其中的證據。

這是任何想要挑戰特定想法的人都可以用的一種策略。試著用谷歌搜尋「全球暖化迷思」或「不平等迷思」——或者搜尋任何社會議題，再加關鍵字迷思。這些人實際上全都在用迷思一詞，表達某些被誤導的人可能會相信X，但X反正就是大錯特錯。

也請注意，觀點彼此對立競爭的人通常宣稱另一方的斷言是迷思。《赫芬頓郵報》（*Huffington Post*）上一篇題為〈十個需要被破除的墮胎迷思〉的文章，開頭是：「迷思一：墮胎是危險的」；而一篇發表在「生活新聞」（LifeNews.com）上的文章〈十個需要被徹底破解的贊成墮胎迷思〉，它的開頭卻是「迷思一：墮胎很安全」[4]。或者就拿關於槍枝的競爭立場清單來說吧：在「聯邦黨人」（The Federalist）網站的〈七個不死的槍枝管制迷思〉中，討論到的第二個迷思是「沒有人要求沒收槍枝」；然而出自《瓊斯媽媽》（*Mother Jones*）雜誌的〈打爆十個支持槍枝的迷思〉裡，列出的迷思第一條就是「他們衝著你的槍來」[5]。這樣矛盾的「破解迷思」

實例指出，單純把某些主張說成是假的——或者視為迷思——可能過度簡化了。

我們可能懷疑，定義其中某些詞彙會有幫助。這些人講到「安全」、「危險」、「陌生」或「衝著你的槍來」的時候，確切的意思是什麼？指出迷思的這些主張，似乎在論證支持一種絕對主義：如果某事物不是完全為真，那就一定是完全為假。釐清定義也許能夠化解某些這樣的混淆。就以墮胎為例——這是很安全還是很危險？一種路線可能是承認墮胎是一種醫療程序，而每個醫療程序都承擔著某處可能出錯的風險。然而我們也可能懷疑，絕大多數由醫生執行的墮胎——舉例來說，就像大多數的闌尾切除手術一樣——並不會導致嚴重的醫療併發症，同時仍然同意極少數的一些墮胎手術可能會導致問題[6]。或許議題不在於墮胎是否徹底安全（這裡的意思是，沒有一個墮胎過的女人曾經受到傷害），而是在「其他行之有年、鮮少造成傷害的醫療程序，會被認為安全無虞」的這個意義上，墮胎是否算是相對安全的。另一方面，另一種不同的定義——好比說，要是有任何證據指出墮胎會經造成傷害，就證明了認為墮胎很冒險是合理的——就可能導致我們承認墮胎、還有很多其他的醫療程序，都包含某種危險。要理解前述任一主張，都要求我們同時檢視被用到的定義與證據；我們不能光是把迷思一詞強加上去，就認為一切已蓋棺論定。

不過，把某事物說成是迷思，就是要阻止別人去檢視證據。給出理由，說明為何某個特定信念可能禁得起或禁不起詳細檢視，是批判思考的一種形式，不過光用「那是個迷思」來回應一個主張，從實效上來說，等於論證說不需要理性推論，事情早有定論。批判思考要求我們檢討證據。這不必然會結束辯論——對於如何詮釋證據，講理的人可能還是各有見解；但至少這提供一種更扎實的討論基礎。

民間智慧與隱喻

除了研究神話／迷思，某些民俗學家還研究格言——那些被引來支持日常論證的簡短諺語。格言常常互相矛盾。請想像一段對話：鮑伯說他在工作上有件事難以抉擇。瑪莉雅催促他的時候這麼評論：「猶豫不決必有失。」但接著文斯就補上一句：「要三思而後行啊。」這兩句經歷時間考驗的簡短建議，鼓吹相反的行動路線，而且可能對鮑伯沒多大用處。換句話說，民間智慧通常彈性大得可怕：你通常可以找到某句格言，來支持你想提出的任何論證。

還有一種相關的說話方式，是引用隱喻。鮑伯說他在考慮採取的行動路線，可能在表面上聽起來很合理，但文斯或許會評論說：「在我聽來像是滑坡，」或者說這可能只是冰山一角；兩者個別的意思是，現在做一個小小讓步，將來免不了會導致進一步的退讓，或者任何可見的部分，可能只是整體的一小部分。隱喻可以讓對話更多采多姿，至少到它們變得太過耳熟能詳、被人當成陳腔濫調屏棄以前是這樣。不過它們真正的目的，是把一個比較大的論證濃縮成單一、熟悉的片段民間智慧。

隱喻的問題，在於可能妨礙人對於被提出的主張做批判思考。我們全都知道，冰山只有尖端是浮在水面上而且看得到的，它大約是整體的百分之十。舉例來說，當這個隱喻被用來描述某個社會議題時，我們被要求想像有個範圍更廣大得多的隱藏問題，到最後我們必須加以處理。當然，這可能是真的；有可能在某些例子裡，我們就是看不到底下的隱藏議題。但藏在下面的比例有多少？真的是百分之九十（像真正冰山的隱藏質量那樣嗎）？或者只有百分之五十？或者少上許多？冰山隱喻沒有以呈現證據的方式提出任何東西，就鼓勵我們把議題想像得可能比實際上大得多。

格言和隱喻是口頭上的捷徑；它們把一條條推論路線，打包成寥寥數句耳熟能詳的話。這種做法很有價值，甚至是必要的[7]。想像一下，如果我們無法用隱喻推論來辨識出相似性、並且對此做反應，我們的思維會變得多緩慢遲滯。然而，因為隱喻簡化了複雜性，它們也可能輕易地誤導我們。對於隱喻把我們導向何處、還有那是不是我們想去的地方，我們需要做批判性的思考。

事實

我們對於事實的常識性理解是，這指的是某種完全真實的事情。「事實如此！」這種宣言，通常的意圖就是當成一種論辯上的王牌——這段陳述無可辯駁。但在同時，我們知道人有時候光為了事實是什麼，就會起爭執。這怎麼可能？

要思考事實，一個比較好的辦法是領悟到事實仰賴社會共識。想像一群屬於某個特定宗教的人聚在一起，他們全都同意某本特定書籍很神聖，是神的話語。在那群信徒之中，大家可能同意一個「事實」：這本書揭露了神意。現在，假定有抱持不同信念的他人加入聚會；或許他們不信神，或者他們可能相信另一本不同的書才揭露了神的意圖。突然之間，對於什麼是事實，這些出席者中就出現了歧異。

這個例子就展現出事實是社會性的：事實仰賴的是人對證據有共識——而那些共識可能會改變。今天，小孩子會學到地球是我們這個太陽系裡，環繞著太陽繞行的八個行星之一；在教學上，這被當成事實。然而在我上學的年代，我學到的是九大行星。而在一千年前，大家很有信心，認為太陽是繞著地球轉的——這被認為是事實。同樣地，在十七世紀的麻薩諸塞州，大家認為女巫的存在是事實；今日我們把這種信念斥為無稽之談。我們解釋了被視為事實的事情為何發生變化：這是因為人對證據的理解有了進步；這讓我們可以把以前的事實主張視為錯誤，並且加以屏棄。

被視為事實的事情，也可能因不同團體而異。「某本特定的書是神的真實話語」是否被當作事實，要看你問的是誰。一群信徒可能肯定這是事實，但另一群宗教信仰更分歧的人就不一定會同意。

參議員丹尼爾．派屈克．莫尼漢（Daniel Patrick Moynihan，在進入政壇以前曾經是一位社會科學家）據報曾這麼說過：「每個人都有權擁有自己的意見，卻無權擁有自己的事實。」這揭露出我們的常識性理解：兩則彼此矛盾的陳述，不可能同時都是事實。這就是為什麼「另類事實」（alternative facts）這種表述，很快就變成笑柄。批判思考要求我們在正面遭逢兩個對立的主張時，要權衡證據。不過，還是有其他在批判性方面比較差強人意的回應，像是宣稱因為你知道你的團體相信的事情為真，任何有異議的人都錯了。

權衡證據不必然導致所有人對於何謂事實都有立即共識。可能會有人質疑別人的證據、或者證據被詮釋的方式。有強烈信念的人常常緊抓著他們相信的事情不放，甚至在面對其他人認為很有說服力的證據時亦然。歷史紀錄中充斥著群眾相信預言，認為世界末日將近的例子。到目前為止，所有這樣的預測都已被證明錯誤，然而大多數真正的信徒繼續堅持他們的信念[8]。也不是只有宗教信徒，才傾向於緊抓著不可信的理論不放。眾所周知，科學家也會很慢才接受似乎駁倒了自身立場的發現[9]。

我們喜歡認為事實就是事實，它們是真的，這是一種無可爭辯的蓋棺論定之語。不過被看成事實的事情，總是反映出某種社會共識：在某個特定時間點，特定的某一群人彼此同意，某件事是真的。批判思考是一種工具，可以幫助我們釐清主張某件事是事實的支持與反對證據。我們可能做出結論說證據支持共識，我們可能同意，主張某件事屬實很有根據；不過我們也需要了解，主張某件事是事實，這本身並不足以結束辯論。

日常推論

批判思考是某種我們全都會做的事，天天如此。我們為了這類日常事務彼此爭辯，像是我們對音樂、食物、運動與政治的口味等等。跟別人意見相左、支持自己的想法，或者被別人的論證說服可以很有趣；或者我們可以同意保持彼此的不同，甚至拿意見不同者的偏好來開玩笑。大多數這樣的討論是很隨意的，並不是非常重要，所以我們不會太擔心推論的品質。但有時候歧異變得白熱化，在其他人不接受我們的推論時，我們會變得很挫折。如同這一章試圖指出的，平常的推論過程可能有缺陷，而我們如果能夠批判性地檢視這個過程，就能夠有幫助。

在日常論證的脈絡裡，至少當我們在意到會提出異議的時候，我們可以相當擅長批判思考。聆聽兩個人辯論他們最愛的四分衛或電視節目的相對優點，你可能會發現他們提出證據來支持自己的立場，並且批評另一邊的證據。但在其他例子裡，當我們已經彼此同意、或者我們就是不太在乎的時候，我們可能不會費事對證據做批判思考。我們只會點頭附和一則軼聞，或者忽略人身攻擊。

話雖如此，在有缺陷的論證外溢出去，影響到理解世界的認真嘗試時，批判思考就變得非常重要。舉例來說，社會科學家企圖改善我們對社會生活的理解，而他們對此做出的種種努力，就應該得到批判性的評估。這是後面的章節會講到的主題。

批判思考重點整理

- 軼聞是很薄弱的證據形式。
- 人身攻擊論證，還有把種種主張說成是「迷思」而加以排除，是迴避批判思考的方式。
- 格言與隱喻可能包含需要檢視的假設。
- 事實仰賴社會共識。

CHAPTER

4

社會科學的邏輯

The Logic of Social Science

科學的目標是對世界有更好的理解。科學主張是由一組特定標準來評估的：我們對世界做觀察，以取得證據支持一項主張；與那個證據不一致的任何主張，都會被拒斥。

社會科學尋求的是應用這些科學標準，來理解人類行為。這表示對社會學家和其他社會科學家來說，批判思考的重點在於評估人類如何行為舉止的證據，還有後續的解釋。

CHAPTER 4——社會科學的邏輯
The Logic of Social Science

模式

社會科學的開端，就是設法辨識出社會生活中的模式。這些模式很多樣化。某些模式很容易注意到：男人不可能懷孕生子，只有女人能這麼做。其他的模式就比較難辨識。坐在教室前排的學生，拿到的分數比坐在後排的學生好嗎？我們或許會懷疑這點可能為真；但我們也能想像，並不是所有座位靠前面的學生都得到特別高的成績，就像某些坐在後排的學生表現真的很好。但我們仍然可能預測，坐在前排的學生會有取得較高成績的**傾向**——也就是說，會有這個模式。

然而，如果我們想超越只是推測這種模式可能存在的程度，我們就需要收集證據，既向自己證明我們的預測正確，也讓其他人相信如此。舉例來說，我們可以追蹤某堂特定課程中的學生們坐在哪裡，然後檢視他們的成績。不過就算我們的假說得到確認，我們發現坐在前排的學生通常會拿到高分，其他人可能會挑戰我們的發現——例如論證說，來自單一班級的證據，幾乎無法證明所有班級都會發現同樣的模式。這樣的挑戰是批判思考的一種形式，而大多數研究都會面對這樣的批評。如同我們在隨後的章節裡會看到的，決定如何收集最佳證據可能是很複雜的。

因果關係

指出一個模式並不夠。人很可能會問，為什麼會有特定的模式存在：他們會想要替這個模式找出一個解釋。解釋牽涉到一個論證，指出某種因產生某種果。基本上，每個因果論證都必須符合四個判準[1]。給予這些判準的名字各有不同，但重要的是理解每個判準裡包含什麼。

先行性

第一個也是最簡單的判準是先行性（precedence）：因必須發生在果之前。在我們的例子裡，學生坐在教室的什麼地方先發生，他們得到的成績是隨後而來的。所以我們可以說，這至少很有可能為真：學生坐在哪裡可能會影響他們得到的成績——至少是部分原因。

請注意，論證說學生在課程結束後得到的成績，導致他們在上課時坐在他們所坐的位置，是完全沒道理的。這可能看起來很明顯，但就連傑出的研究者偶爾也會犯下這種錯誤。舉例來說，霍華．貝克（Howard S. Becker），一位非常優秀的社會學家，論證說國會通過一九三七年的大麻稅法案（Marihuana Tax Act，最初禁止大麻的聯邦法律），是在聯邦緝毒局（Federal Bureau of Narcotics）發起一個公關活動，導致主流雜誌發表文章談毒品的危險之後。接著這些文章激起輿論，輿論又導致壓力，讓國會通過了這個法案。在呈現證據支持他的論證時，貝克指出《期刊文獻讀者指南》（*Reader's Guide to Periodical Literature*，當時是流行雜誌文章的主要索引）中顯示，大麻報導在涵蓋一九三七年七月到一九三九年六月的索引卷數裡達到高峰：在那一卷《讀者指南》裡，收入索引的大麻相關文章有十七篇，然而在一九二五到一九五一年的索引之中，沒有其他卷數列出超過四篇文章。想來那些文章肯定幫忙激發了公眾的關注，導致法案在一九三七年七月通過[2]。

雖然貝克的論證可能乍看很有說服力，唐諾．狄克森（Donald T. Dickson）在更仔細檢視雜誌文章的刊登日期之後，指出「國會委員會為該法案在四月底與五月初舉辦聽證會，沒有一篇文章是出現在聽證會前五個月，有一篇文章出現在一九三七年七月，而其他的文章都是出現在一九三七年八月二日，該法案簽字通過成為法律之後。[3]」換句話說，貝克指為原因的東西——被認定激起輿論，要求國會採取行動的雜誌文章——實際上是發生在假定中的結果（法案通過）之後。在這個例子裡，被違反的是先行性的判準[4]。

在許多例子裡，先行性無法透過像是雜誌文章出版日期這樣清楚明確的東西來確立。在實際應用上，先行性可能被反饋弄得很複雜：也就是說，X可能影響Y，但接著Y又繼續影響X。這可能導致先有雞還是先有蛋的複雜辯論，例如爭論是文化先行，然後導致特定的社會結構浮現，還是社會結構先行，然後同樣地導致特定文化發展出來。

有模式的變化

這是個相對來說直截了當的想法：在因與果之間需要有個模式。如果我把電燈開關往上撥，燈就亮了——或者往下撥，燈就暗了——這個模式就會讓人合理地懷疑，是撥動開關導致燈亮起或熄滅。也就是說，我們的因與果需要以一種符合模式的方式變化。當然，因果模式通常不是這麼直截了當。我們可能不會發現學生在教室裡的座位與課堂成績呈現完美正相關，像是所有得到高分的學生都坐在離前面最近的位置等等。我們倒是可能會發現，坐在前排的學生在某種程度上比較有可能拿到高分——他們通常表現比較好。同樣地，研究人員發現吸菸者比非吸菸者更可能發展出各種疾病，雖然某些吸菸者沒有生病，而某些非吸菸者生病了。在真實世界裡，有模式的變化牽涉到傾向性——原因讓結果更有可能會發生。要指出並評估這樣的模式，通常要使用統計學，測量某種可能原因形塑出結果的機率。

基本原理

建立因果關係的第三個判準，牽涉到我們對於原因為何應該會形塑出結果的解釋能力。因此，我可能這麼解釋：把電燈開關往上撥閉合了一個電路，導致電流向燈泡，燈泡中被加熱的燈絲產生了光；或者我可能會論證，坐在教室前排的學生比較有可能付出注意力，比起坐在更後面的人來說，較不可能因為社群網站上的貼文分心，所以前排的學生學到的東西比較多，又因此在考試的時候表現比較好，導致得分比較高。而我或許能夠把我的解釋，進一步連結到曾經寫過電路如何運作、或者專注如何改善學習的權威來源。這一切都相當直截了當。所有的因果論證，都需要這樣的基本原理。

非偽關係

非偽關係（nonspuriousness）：這是個花俏的字眼，卻很重要。一個看似明顯的因果關係——符合具備先行性、有模式的變化、還有基本原理的標準——仍然可能無效，因為這個關係是假的；也就是說，是由某種第三方因素所導致。

在此，以一個傻氣的例子做開頭可能有幫助。假設在觀察開關燈模式——往上，開；往下，關——之後，我宣布把開關往下撥導致關燈，反過來導致開燈。但彤雅回答說：「不是，電燈是由看不見的愛爾蘭矮精靈控制的，他們很調皮，選擇在你每次撥動開關時開燈或關燈。電燈亮起的真正原因，在於矮精靈的魔力！」

如同我說的，這是個荒唐的反駁，我們很可能會立刻拒斥——但為什麼呢？嗯，首先，我們有個扎實的基本原理，有電力及電力如何運作的詳盡理論，在無數實驗中已經被測試過，所以我們對這個基本原理有很大的信心。再者，我們沒有任何證據說愛爾蘭矮精靈存在。「可是，」彤雅又回答說：「那是因為矮精靈的魔力讓他們能避免被偵測到。」

我們可以徹底證明矮精靈沒有導致電燈打開或關上嗎？這個嘛，沒辦法。可是有個非常古老的哲學原則——通常稱為奧坎剃刀（Occam's razor）——指出在我們有兩項解釋（在這個狀況下，是電路解釋跟電路加愛爾蘭矮精靈解釋）預測力一樣好的時候，我們應該支持比較簡單的解釋。也就是說，如果我們可以恰當地解釋電燈打開關上，卻不用把矮精靈合併到我們的解釋裡，我們就應該把矮精靈去掉。

奧坎剃刀容許我們屏棄訴諸於種種不可觀察原因（像是矮精靈）的解釋。但偽關係性的指控——有某個別的原因在起作用——可能採取很嚴肅的形式。假設我們想要論證說吸菸導致肺癌。泰德可能會抗議：他觀察到吸菸者傾向於比非吸菸者攝取更多酒精；或許是酒精導致肺癌，或者有可能是菸草加酒精的合併結果。泰德的批評可能看起來比聲稱有矮精靈更可能為真，而且無法馬上就加以排除。我們需要尋找更多證據，或許是比較不同團體中的肺癌罹患比率：非吸菸者、不喝酒的吸菸者、不吸菸的飲酒者、還有飲酒的吸菸者。而假設我們的新證據顯示，就算在我們把飲酒納入考量以後，吸菸似乎確實還是增加了肺癌的風險。泰德可能會說：「好吧，可是吸菸者也比非吸菸者喝更多咖啡」——這則批評引發新的一輪測試。

我們什麼時候能夠徹徹底底、積極宣布一個關係是真實無偽的？也就是說，我們什麼時候可以說我們已經指認出某個結果的起因，沒有其他可能的解釋了？答案可能乍看有點令人困擾：永遠沒辦法。一個評論者永遠有可能論證說，有某個其他的因素，或許可以解釋我們認定的原因與結果之間的關係。現在，我們當然可能匯集與我們的解釋一致的大量證據，像是有數千則研究支持吸菸損害人類健康的結論——有這麼多證據，以至於菸草非常不可能不危險，而且我們有很大的信心宣稱菸草有傷害性。然而我們永遠無法完全排除，這種有詳盡紀錄的關係還是有可能為假。

這就是為什麼批判思考會這麼重要。每個解釋都可以受到挑戰，但那些挑戰本身可以接受評估。一個人不能就斷然宣稱所有科學知識必然有誤，這個世界實際上是靠矮精靈運作的。在科學家之間的討論裡，挑戰必然跟被挑戰的論證一樣，要接受同樣種類的評估。也就是說，我們期待那些提出解釋的人跟挑戰解釋的人，都用證據支持他們的主張，而所有證據都必須接受權衡與判斷。我們必須同時對解釋與挑戰維持相同的高標準。

判斷社會科學主張

對科學推論下判斷——這包括社會科學——是以評量證據為中心的。主張必須有和宣稱內容一致的證據支持，批評家則必須能夠評估這種證據。

因為證據是科學的核心，科學家有義務要誠實回報他們的證據。他們被期待要找出有可能取得的最佳證據，清楚解釋他們如何著手收集並分析這個證據，還有用全面而精確的方式回報他們的發現。科學家被發現行為不誠實，會被視為醜聞，而牽連到單單一個醜聞，就足以毀滅一個人的全部科學聲譽[5]。

除了這種醜聞以外，證據的品質與詮釋通常也會掀起辯論。任何一個研究都免不了有缺陷——沒有完美這回事——而批評家總是可以對研究的證據提出合理的問題。舉例來說，他們可以論證說研究人員收集證據的方式、或者選擇分析證據的方法，可能已經影響了結果。單一研究報告不太可能被當成任何事情的最後定論，這就是為什麼新聞媒體吹噓戲劇性新研究「突破」的傾向，通常助長了低品質資訊的散播。因為每個研究都有限制，可能影響研究的結果，而研究人員——就像其他人一樣——可能會發現，很難批判性地思考自己的研究中有什麼可能出錯。所以，其他研究人員不會單純地接受原始的主張，反而可能會受到激勵去做他們自己的研究：要不是複製第一個研究，看看再度遵循研究報告中的程序，是否會產生相同發現，就是使用有輕微差異的程序，來看看是否可能是原本的技術形塑出這些發現。這種工作的結果，可以幫助揭露有模式的變化是不是虛假的。

對於證據的辯論，在大多數關於社會科學研究的批判思考中，正是核心焦點。如果這似乎很令人驚訝，其實不該如此的。這一章已經使用過看起來可能很直截了當的論證。我選擇矮精靈導致電燈亮起關上的例子，正是因為它很荒謬。而雖然坐在教室前排導致好成績可能看似很合理，學生為何會得到他們現在的成績，無疑有許許多多的理由——他們花多少時間讀書、讀得有多好，他們考試的時候是很健康還是生病了，如此等等。吸菸導致疾病的主張，是現在大家非常熟悉的論證，然而它有很長的歷史。菸草工業發起長達數十年的運動，要挑戰研究人員說吸菸很危險的主張；菸草工業提出數十個論證，說吸菸與疾病之間看似明顯的連結是一種虛假關係，真凶可能是酒精或咖啡或……你懂吧。到最後，使用不同研究設計的數千則研究，組成了廣泛的研究文獻，建立起巨量證據，已經說服大多數人相信吸菸確實有風險[6]。

所以，所有的科學知識，都奠定在證據的基礎上。基礎愈大、愈優秀，我們對所知的事物就愈有信心。有了堆積如山的證據，今日鮮少有人對吸菸有傷害性存疑。不過，普遍被認為是因果性的關係，永遠都有可能實際上並不相干。如果有說服力的新證據在明天浮現，我們今日自認為知道的事情就有可能受到挑戰。而大多數我們在乎的問題——舉例來說，是什麼導致疾病，或者什麼導致比較好的成績——可能有複雜的答案，所以評估證據可能變成非常精細繁複的過程。

這就是為什麼大多數社會科學領域中的大學與研究所學程，都著重於統計學與方法論的必修課。雖然在表面上，這些課題可能看起來沒有更實質的主題那麼有趣，卻提供需要懂得如何做研究的社會科學家基本的課程，好讓他們產出可能最有說服力的證據。的確，理解最佳的實作方法，可以給所有的學生——不只是那些計畫變成研究者的學生——評判研究成果報告所需的工具。每個人都需要了解，用可能扭曲個人發現的方式做研究，會產生什麼樣的陷阱，因為在我們的整個人生裡，我們都會碰上關於研究發現的種種主張，而做個資訊靈通的公民，需要能夠對這些報告做批判思考。

證據的重要性

社會科學牽涉到尋找有最佳可得證據支持的知識。這個證據從來不是完美的；它總是受制於批判性的評估。科學的進步靠的不是宣稱何者為真，而是仰賴提出主張者與設法權衡證據力量的批評家之間的對話。

證據對於所有社會科學來說都是核心，但因為各種學科會檢視多少有些不同的主題，也會提出獨特的問題，各個社會科學在批判思考上面臨的特定挑戰各有不同。所以就讓我們轉移注意力，從普遍的社會科學轉向聚焦於社會學。

批判思考重點整理

- 因果解釋是由先行性、有模式的變化、基本原理與非偽關係的標準來判斷。永遠不可能確定一種關係絕對不是虛假的。
- 在社會科學中，大多數的批判思考牽涉到判斷證據的品質。

CHAPTER

5

權威與社會科學論證

Authority and Social Science Arguments

我們全都是自身學校教育的產物。從童年開始，我們就被教導要把我們的課程看成權威。在我們背九九乘法表的時候，我們得知三乘三等於九——這是個真理，不該也不能被質疑。（當然，這個主張是有證據支持的：舉例來說，如果你拿三組三分錢來全部相加，你就會發現你有九分錢。）

當然，我們也學到不是所有課程都徹底清楚明確，我們該賦予學習內容多少權威，是有程度變化的。在大約三年級的時候，我們大部分人可能都會上到一個社會研究教學單元，談的是分辨事實與意見，在其中我們學到事實是無可爭議、確實為真的，意見則是一些主張，談的是大家可能有異議的事情，就算他們強烈相信他們認定的事情為真。所以，我們全都應該同意三乘三等於九是事實，也應該承認人對於誰是最棒的超級英雄有不同的意見。

等我們讀到高中的時候，我們被鼓勵要做出更細膩的思考，並理解到意見能夠得到較多或較少證據的支持。舉例來說，這就表示對特定歷史事件的起因、或者如何闡述不同文學作品裡的象徵主義，我們可能會有不同的詮釋，雖然這些主張之中，有些主張可能會被認為比其他主張更有說服力。

換言之，我們可以把權威性看成是一種連續體，一頭是扎實的事實（三乘三等於九），另一頭則是完全沒有支持根據的意見（「我不知道我為何認為超人是最棒的超級英雄，我就是這麼想」）。所以說，教育鼓勵我們去辨識並聽從權威，儘管它也教導我們，不是所有主張都同樣有權威性，我們可以、也應該評估不同主張的支持證據。

在自然科學主張中，服從權威是最顯著的，在人文學主張中就弱得多。也就是說，物理學家與化學家向我保證某個普通的氧原子有八個電子，我（還有他們）

把這當成直截了當的事實，因為我假定（而且我想他們肯定知道）這個主張有大量既有研究的支持。我不知道（主要是因為我自己無法用實驗示範）這個知識是否就跟三乘三等於九一樣確定，不過一定很相近了。另一方面，如果一位文學教授告訴我說，對於《哈姆雷特》的某個特定解讀就是**正確的那個**，我可能會懷疑那只是一批互相競爭的詮釋之一，而每個詮釋都有自己的支持者（而且在我們說話的同時，在各英語系裡，無疑有些研究生正在奮力打造別的詮釋）。

社會科學的權威在權威連續體上的位置，介於一般狀況下被視為事實的自然科學權威，跟看似以意見為基礎的人文學之間的某處。如同我們在第四章注意到的，社會科學的權威是來自它們提供證據以支持自身主張的能力。這樣的證據要接受批評，結果可能會被判斷為比較強或比較弱。

對社會科學的挑戰

當然，社會學是社會科學之一。每個社會科學都採取一種稍有不同的途徑

——採用一種不同的觀點——來理解人類行為。所以，經濟學論證指出人靠著經過計算的選擇來達成他們的目的，心理學則把目標放在解釋個別生物（不管牠們是大鼠還是人類）的行為。社會學的核心洞見是，人類彼此影響，而社會學的目標是探索那些社會影響發生的方式，還有這些影響所揭露的模式。

很明顯，社會科學各學門之間有些重疊之處：例如社會心理學——社會影響如何形塑個體行為——就對心理學家和社會學家都頗有意義；同樣地，有些社會學家採用經濟學模型來研究經過計算的決定——理性抉擇——如何形塑社會生活，就像有些經濟學家研究社會安排如何影響人的決策。不過每個社會科學都採納一個有幾分獨特的觀點，來理解人類的行為，強調人類生活的不同面向。

沒有一個社會科學提供一種對人類的全面性理解；所有科學都有限制。經濟學——可能是最受推崇的社會科學（稍等一會，我們很快就會講到社會學了）——設計細膩複雜的模型，不過那些模型在企圖預測人類實際的經濟行為時，有明顯的缺點。理論上，市場應該反映參與者的理性計算，但實際上市場被困在「非理性繁榮」（irrational exuberance）中，價格上漲只會接著崩潰——我們熟悉的景氣循環（boom-and-bust cycle）[1]。行為經濟學嶄露頭角，成為某些經濟學家的專長，他們設法要去理解真實世界的人類行為，為何通常缺乏經濟學假定存在的理性。

在設法理解人的行動時，行為經濟學家轉向心理學解釋。他們進行實驗，要求受試者在不同條件下做決定；結果揭露出許多人做出的選擇，就經濟學家的標準來說，並不是完全理性的。舉例來說，根據經濟學理論，某一組選擇應該被認為一樣有益，但他們可能對其中之一展現出某種強烈的偏好，甚或可能在某些環境條件下，偏愛好處比較少的結果。行為經濟學家接著解釋，這些模式是心理歷程的結果，像是**錨定效應**（anchoring Effect，也就是說被最初接觸的某個資訊過度影響）或者**資訊迴避**（information avoidance，選擇不取得立即可得的資訊）。既然經濟模型通常假定人擁有他們做出理性選擇所需的資訊，錨定效應與資訊迴避兩者都指出了理由，說明為何真實世界的人類——還有市場——行為可能不會如同預期。經濟學家接著可以訴諸於這些歷程，來解釋為什麼市場展現出非理性繁榮、或其他抵觸經濟模型預測的模式。

這種推論路線有自身的挑戰。行為經濟學家已經指出一長串的心理歷程，其中的內容有時就描述出這些矛盾傾向。舉例來說，在一個特定處境下，如果個人似乎不情願採取行動，經濟學家可能用上**現狀偏差**（status quo bias）這個標籤，而同樣狀況下似乎急於行動的人，則被指稱為有**行動偏差**（action bias）。如果有足夠長的模式清單，在事後解釋人做出的任何事情就變得很有可能了。當然，替一個行為指定一個名字，非常不同於能夠預測哪種模式會出現在特定環境條件裡：人在何時、會如何表現出違反經濟模型預測的行為，經濟學家可能永遠說不準。另一種挑戰是：藉著訴諸個人心理歷程，設法解釋巨大機構的行為——像是突然間崩盤的股票市場——是忽視周遭社會生活脈絡的做法。

一方面是有獨特心理狀態的個人，另一方面則是股票市場這樣巨大而抽象的機構，兩者之間的空間，就是社會學的領域。一個市場並不是由彼此沒有連結的個人所組成的，反而是由棲息在社會關係網中的人構成的。人連結到家庭與朋友，也連結到跟他們一同工作、敬拜神明與遊戲的人。社會學家把這些稱作**社會世界**（social worlds）：共享活動、通常也共享生活觀點的人所構成的網絡。社會學詮釋較少聚焦在個人腦袋裡的認知歷程——錨定、行動偏差等等——而大多聚焦在個人對彼此的行為影響。對社會學家來說，批判思考經常包含拆解開這些社會影響。

社會學的例子

就像經濟學家與心理學家，社會學家傾向於裝得好像他們這門學科的主張是有權威性的。這當然是打腫臉充胖子。如同我們已經注意到的，大多數人認為社會科學的權威介於自然科學與人文學之間。但就算在社會科學之中，都還有許多人質疑社會學家的權威。

社會學的公共聲譽好壞參半。最常見的狀況是，社會學的批評者攻擊社會學基本上只是常識，在人盡皆知的事情之外，沒補充多少資訊。他們還進一步抱怨社會學家企圖掩飾他們的觀察有多顯而易見，就替這些觀察披上一層幾乎無可理解的濃厚術語。還有個追加抱怨是，社會學有自由派政治偏見，它的研究路線更偏向意識形態上的，而不是科學性的[2]。這些是數十年來一直都有的常見批評。

雖然如此，社會學在學術界裡還是占有合理程度的穩固地位。這反映出一個事實：社會學已經是許多形塑現代思維的實用觀念源頭，其中包括像是領袖魅力（charisma）、道德恐慌（moral panic）、行為楷模（role model）、重要他人（significant other）、地位象徵（status symbol）與次文化（subculture）等概念[3]。社會學觀念之所以被取用，是因為有很多人發現這些觀念是思考這個世界的有用方式。同樣地，在率先探索社會生活的研究方法，像是調查研究（survey research）這方面，社會學家也發揮不小的作用。不只是社會學家的術語被挪用到流行文化中，他們的理論路線與方法論，也形塑了其他學科中的思維，包括犯罪學、人口統計學、法律、管理、行銷、醫藥、政治科學與社會工作都受其影響。事實上，這些學科裡有一些是起源於社會學系，後來才分裂出去，形成自己的學術單位。

社會學已有其影響力，儘管頻頻被當成不重要或不相干的東西踢到一旁。就算在嚴重的攻擊之後，這門學科還是能夠反彈回來。舉例來說，在一九九〇年代，聖路易華盛頓大學決定關閉他們的社會學系，對某些人來說，表示這個學科陷入了嚴重的危機。然而社會學死期將屆的報導，其實是太過誇張了——華盛頓大學在二〇一五年重建社會學系，就釋出了這個訊號。

思考社會學以及批判思考

但社會學家的權威，似乎還是比（舉例來說）經濟學家更岌岌可危。而這種處境鞏固了這本書其餘部分的論證。我想要論證，批判思考對社會學家來說尤其重要，特別是因為這門學科如此頻繁地受到挑戰。社會學家要說的話總是招來批評，而批評不只是來自外界。如同我們會看到的，社會學家之間也有相當多的口舌之爭。

就像物理學家、哲學家跟其他學術界人士，社會學家主張他們所說的話有權威性。畢竟社會學家在社會學理論與方法論上得到特別的訓練，這應該讓他們有資格進行研究並加以詮釋。物理學家、哲學家跟其他學術界人士，也對自己的權威做出類似的主張。

不過有這樣的資格，並不表示社會學家的主張不能、或不該受制於批判性的評價。就像我們有可能對經濟學家與心理學家的主張做批判思考，我們也可以評量社會學家要說的話。如同我們已經確立的，批判思考是對於所有主張的一種適切反應，不管做出這些主張的人有什麼樣的資格。而一如往常，對我們自己的想法做批判思考，是最重要——也最困難的。

不過我們應該怎麼樣切入關於社會學的批判思考？這本書的開端是把社會學觀點應用在社會學這個學科上，把社會學自身看成一個社會世界，並且設法理解這個世界是如何組織起來的，還有其中的成員如何思考他們在做的事情[4]。剩下的章節會檢視社會學家的社會世界如何形塑他們所做的事，並且探索批評家對於社會學家要說的事情，可能問出哪些種類的問題。

雖然這本書的焦點會維持在社會學上，社會學並不獨一無二。我們會探索的大多數論點，對於像是人類學、經濟學與政治科學等其他社會科學來說，都很相關。這些學科的每一個過去與現在，都被自身的社會世界所形塑，而許多挑戰著社會學家的問題，對於其他社會科學來說都很常見。

社會學家對於各式各樣的研究問題都很感興趣；他們採用不同的技術，試圖回答這些問題，而他們並不總是意見一致。你需要了解的是，雖然我是個社會學家，我是代表自己說話，而我了解其他社會學家可能不同意我在許多論點上要發表的看法。我在設法講清楚，當我嘗試對社會學做批判思考時我做了什麼，還有我為何認為我問的問題很值得問。我無法聲稱我有特別的權威性——雖然在我寫這本書的時候，設法對自己說的話做批判思考，我也了解其他人可能會拒絕我的某些主張，而他們毫無疑問會想要提出他們自己的論證。但我們就是必須從某處開始。所以就讓我們從檢視社會學的社會世界開始吧。

批判思考重點整理

- 訴諸權威的主張，應該接受批判性的評估。

CHAPTER 6

社會學的社會世界
Sociology as a Social World

雖然某些拿到社會學博士學位的人後來去政府單位、民意調查公司等地工作，但大多數社會學家在大專院校裡任教。從教師可能一學期要教五門或更多課程的兩年制社區學院，到通常一學期兩門課、招收博士生的研究型大學系所，都包括在內。普遍而言，有較重教學負擔的機構不期待教員做太多研究；隨著教學負擔下降，對於教授應該積極做研究的期待就會上升。

一般的理解是，研究會導向發表／出版。「不發表就完蛋」(publish or perish)這個說法已經存在數十年了——這是一種對於新手教授的警告，沒有發表論文或許就不可能拿到終身職與升等了。這通常意謂著讓自己的文章出現在專業期刊上。出版被當成是證據，證明一個人對他們的學科做出了有意義的貢獻。而社會學提供了很多條發表管道。

陣營

到目前為止，我們一直把社會學看成一個單一學科；對於人類彼此影響的方式所產生的興趣，把這個學科整合在一起。雖然社會學家共享這種基本路線，對於怎麼樣思考特定主題最好，他們可能有不同見解。想像一下，好幾位社會學家想要研究一間餐廳裡發生什麼事。第一位社會學家，姑且稱呼她安娜，可能會把這間餐廳當成一個工作場所來切入，觀察餐廳員工的分工，還有廚房裡的廚師跟應對顧客的服務生如何管理他們的工作。相對來說，比爾可能是食物方面的社會學家，感興趣的是食物被生產與消費的過程，還有對於參與這個過程的各色人等而言，食物有什麼樣的意義。卡蘿可能檢視性別角色的展現如何形塑餐廳職員與顧客之間的互動，韋恩可能專注於種族與族裔的衝擊，艾倫則可能會論證說，最有幫助的是思考性別與種族彼此交錯的方式。法蘭克，一個研究偏差狀態（deviance）的社會學家，可能觀察規範如何被違反——而我們可以很輕易就繼續表列下去。有許多從社會學面向來思考的方式，而這是件好事。不同的社會學家，可能從不同角度來看甚至像餐廳這樣乍看稀鬆平常的環境，而每個人會注意到的事情都稍有不同。

所有這些社會學家都共享這個基本假設：人類彼此影響，雖然每個人感興趣的是不同的影響。大多數社會學家專精於兩三個主題：有工作社會學家，也有性別、食物、宗教、教育、種族與族裔、運動及偏差狀態的社會學家。隨便舉某種牽涉到人類的事情，可能就有個社會學家在研究它。要思考社會學做為一種學科的組織方式，一種明顯的做法就是透過這些不同種類的實質專業研究。畢竟，一旦過了導論課程以後，實質上所有社會學課程都聚焦在專門的主題，而且通常講師的專長都在於那個題材。

不過還有其他方式可以劃分這個學科。許多社會學家認為，他們跟某個特定的理論學派或路線大致上站在同一陣線，像是符號互動論（symbolic interactionism）、衝突理論（conflict theory），或者理性選擇理論（rational-choice theory）。而大多數社會學家在做研究時，偏愛特定的方法，最基本的區別是量化社會學家（用統計學來分析數值資料）與質性社會學家（傾向於透過觀察或訪談來收集資料）；而這些普遍路線中的每一個，都可以再細分成更特殊的方法論，像是調查研究。

所以，如果我們問社會學家「你是哪種社會學家？」，他們的回應可能指出他們對特定實質主題的興趣，還有對特定理論與方法論路線的偏好。

我們可以把社會學想成是由多種思想學派所組成——讓我們把這些學派稱為陣營——而這些陣營的基礎在於這些實質興趣、理論傾向，還有方法論上的偏好。隨著社會學的成長，一個人要隨時追蹤這門學科裡的一切發展，已經變得不可能了。大多數人能做到的，頂多就是多少試著跟上他們最感興趣的幾個陣營裡的現狀。

社會學的結構，有很多是由陣營所賦予的。社會學家透過在專業研討會上做簡報、或者在學術期刊發表與出書，來報告他們的研究。在社會學以一個學科的面目出現時，美國社會學學會（American Sociological Society，一九〇五年成立，後來重新命名為「協會」〔Association〕，所以現在稱為ASA），還有區域性組織，像是南方社會學學會（Southern Sociological Society，一九三五年成立）或許可以在單單一個房間裡開會，所以出席一場研討會的人可以聽到與會的所有論文；但隨著這門學科的擴充，同一時間在不同房間裡，可能有好幾個議程開始在進行。近年來，最大的專業協會ASA同時進行二、三十個議程，其中某些是被設計成圓桌會議，會進一步細分成二、三十桌，每一桌都有人坐著聽簡報，每一桌都是環繞著某個特定議題或主題而組織的，所以大家必須選擇要出席他們最感興趣的簡報。這樣有把這門學科整體分隔開來的效果，雖然也把屬於同一陣營的人聚攏在一起了。同樣地，較大的協會現在包含以不同陣營為核心組織起來的專門化小組。所以，ASA有超過五十個正式分部，可以提供給對特定實質主題（例如環境社會學、文化社會學）、理論（馬克思社會學、理性與社會）或者方法論（比較歷史社會學、方法學）感興趣的人。

平行發展已經在塑造發表／出版過程。有一篇一九六八年的文章，嘗試列出每一本美國社會學期刊：當時有十六份期刊在刊登文章，其中有九份期刊——超過一半——是普遍性質的，至少理論上開放發表對於所有社會學主題的投稿[1]。到了今天，有遠超過一百份社會學期刊，而其中除了大約十份以外，其他都聚焦於專門主題，有著像是《運動社會學期刊》（*Sociology of Sport Journal*）、《性別與社會》（*Gender and Society*）或者《城市與社群》（*City & Community*）這樣的名稱。同樣地，大多數學術書籍出版社傾向於專門經營關於特定主題、或者採用獨特路線的書籍。

簡言之，大多數社會學陣營有他們自己的協會（或者至少在較大的組織裡有分支）、自己的期刊，甚至有自己的出版社——讓成員可以報告或發表自身作品的場所。這些場所都有把關者——研討會組織者、期刊與出版社編輯——篩選投遞的作品，並且選擇哪個研究值得傳播。陣營成員則學著去追蹤他們感興趣的場所中發生什麼事。

這一切都意謂著在某大學社會學系裡，辦公室相鄰的兩名同事，相當有可能屬於不同的陣營：他們教的課程談的可能是不同的主題，讀的書與期刊也不一樣。實際上，他們之間的共通點，還不及他們各自跟散布全國、甚至全世界其他校園裡的同陣營成員來得多。

這裡暗示著不同陣營有互為敵手的作用。每個陣營的成員都共享觀念，同意這個主題、理論或方法特別有趣或有用。他們傾向於出席相同的會議，閱讀相同的期刊、並且在那裡發表論文。他們對彼此肯定他們這個路線的價值，而他們可能會認為其他陣營發生的事情很無趣，甚至覺得那些人執迷不悟。特別是以特定理論傾向或方法論路線為中心的陣營，尤其容易對敵對思想學派感到不耐煩[2]。這導致一種傾向，讓人大半時候只跟共享相同假設的人談話，同時花比較少時間追蹤其他陣營的人，更別說是跟他們辯論了。陣營通常偏愛特定的術語，所以他們要理解彼此有困難——而且可能講話沒交集。比起直接面對那些挑戰你想法的人，把時間與注意力奉獻給跟你共享觀點的人比較容易，也比較舒服。

當然，一個陣營的把關者通常堅定地認同那個陣營。這意謂著當你把一篇文稿投遞給你陣營成員會讀的某份期刊時，這份期刊的編輯與評估稿件的同儕審查員，通常也都是陣營成員。同儕審查員為期刊評估來稿：他們的反應可能有各種變化，從宣稱這份論文現在就很完美了（一種罕見狀況）、提供改進的建議，到論證說這篇論文缺陷太嚴重，編輯應該拒絕刊登都有可能。理論上，審查員不知道作者（群）的身分，而作者群也不會得知審查員的身分（雖然有時候是有可能猜出來誰是誰）。

同儕審查被視為出版過程中重要的防護措施，用意是在論文能夠出版以前，幫忙抓到錯誤、並加以糾正。在此同時，為了出版某知識陣營成員作品而存在的期刊，通常指定的審查員也是陣營成員。畢竟把稿件寄給陣營之外的審查員，似乎並不公平（他們可能比較難理解這部作品，還更有可能對此很挑剔）。不過這引起了一個問題：可能跟作者共用相同假設的審查員，或許更難對論文內容——它的前提、方法與結論——做批判性的思考。藉著確保來稿是由抱著同情態度的審查員和編輯來做評估，留在自家陣營內會讓衝突降到最低。一旦被接受，這些論文就會出現在讀者通常也屬於同一陣營的期刊頁面上。

陣營提供受到保護的域外領地，讓共享相同實質興趣、還有理論與方法論偏好的社會學家可以彼此交流，同時把必須在理論假設不同的他人面前，捍衛自身觀點的風險降到最低。但是，如果最困難——也最重要——的批判思考形式，包含批評自己的想法，那麼我們的作品主要是在最有可能同意我們的人面前披露，並不是取得批判性回饋的最佳辦法。

欽羨

社會學家在學術界的啄序中，占有一個不上不下的位置。在大學之內，他們被看成既不像物理學家跟化學家那種「真正的科學家」，也不像知性上成熟複雜的哲學家、還有其他追求「真與美」的人文學者。如同我們在第五章提過的，針對社會學家的責難，是他們用難以理解的術語來偽裝常識性的發現。社會學家有可能對這些批評很敏感、心防很重。他們可能羨慕其他看似更受重視的人，而且想方設法引導自己去消音那些批評者。這種欽羨最常採取下面三種形式之一。

物理學欽羨

某些社會學家偏好強調他們的學科是個科學性的學科，他們的研究邏輯類似物理學家或化學家，他們用精確的方法來衍生假設並加以測試。自然科學家廣受仰慕；他們會拿到諾貝爾獎。相對而言，一般人通常對社會學有點疑慮；他們很納悶社會學是否真的只是常識。畢竟沒有諾貝爾社會學獎。

對於這種不敬的一種反應，是讓社會學家專注把焦點放在方法論上，設計複雜的假設測試，並且用成熟複雜的統計學技術來分析結果。社會學的首要期刊會特別凸顯這種研究。在我寫下這段話的時候，最新一期的《美國社會學評論》（American Sociological Review）包含了種種圖表，用來表現出「網絡與行為同步演化的隨機行為者取向模型」、邏輯迴歸分析、殘餘平衡、多層成長曲線模型等等的結果。只有極少數人可以閱讀並完全理解這樣的圖表。這不就是社會學跟物理學一樣成熟細膩的證明嗎？

在此也潛藏著危險。使用複雜統計學的辯解之詞是，這樣可以讓分析家拆解複雜的資訊。不過這些技術通常要求很多高品質的資料。在大多數狀況下，統計學測試要有意義，那些資料就需要有代表性——也就是說，不會排除特定種類的案例。問題是，社會資料的集合幾乎肯定會有某方面的偏差。舉例來說，人口普查資料可能看似資訊的良好來源，因為普查理論上計入了每個人。但在實際上，我們知道普查會漏掉人口中的大約百分之一或二，而被漏掉的人通常不同於會被算進去的人——被遺漏者比較窮，比較可能不是白人。可能會有人論證說，對於大多數的目的而言，計入百分之九十八或九十九人口的普查應該提供了相當好的資料；然而因為它們並不是真正具代表性，這樣的資料還是不夠好。典型狀況下，苦於物理學欽羨的社會學家會粉飾這個問題：他們簡短地承認，他們的資料也許不算完美，接著就繼續推論說，這樣的資料肯定還是很多了，所以如果我們假定資料已經相當不錯，就可以使用強力的統計學。

有很多資料的另一個問題是，我們更容易得到「統計上顯著」(statistically significant)的結果。因為學術期刊鮮少刊登沒有報導統計顯著發現的文章，研究者傾向於把達成統計顯著性當作研究日標。但「統計上顯著」雖然聽起來好像一定很重要，這個詞彙卻不是那個意思。統計顯著性，基本上衡量的是研究者對某樣本的觀察是否可能只是巧合、而不是人口中確實存在某種模式。這跟發現本身是否重要毫無關係。如果研究者有足夠的資料，就算是非常小的差異——對於以那種方式過日子的人來說，可能不太明顯——都可以達到統計上的顯著。假定你感染某種恐怖但罕見疾病的風險是萬分之一，再進一步假定抽菸會讓這種風險加倍，所以你現在有萬分之二的染病機率。那可能是統計上顯著的發現，但影響實在太小，你不太可能注意到。在閱讀研究時，去問報告中的結果是否大到足以讓人在真實世界的日常生活中注意到，總是很重要。

當然，「物理學欽羨」是個誇大的說法；我無意暗示，量化社會學家因為沒得到跟自然科學家同樣程度的尊重，就氣得頭上冒煙。不過複雜的統計學，會鼓勵理解這一套的社會學家找到辦法加以應用。哲學家這麼講到工具定律（Law of the Instrument）：「把錘子拿給一個小男孩，他就會找到可以敲的東西。」統計學提供了一整個工具檯的錘子，而開始揮舞錘子的誘惑，可能會扭曲社會學家的思考。

哲學欽羨

物理學欽羨引誘某些社會學家給他們的方法過高的評價，同時卻有其他的社會學家貶低方法學——特別是詳盡的研究設計與複雜的統計學——而偏愛理論。

他們受到理論抽象性、思考「大格局觀念」所吸引。他們染上的毛病，我們可以稱之為哲學欽羨。

這些人要為社會學充滿行話與爛文章的名聲扛起大部分的責任。他們熱愛借用來自大牌哲學家的行話——像是存有論、知識論和詮釋學之類的詞彙。他們著迷於抽象概念，而且很樂於提出他們眼中很有深度的議題，像是我們如何能夠知道任何一件事？在他們確實把注意力放在社會世界的時候，他們極端重視詞彙定義、還有發明新詞來指涉他們正在發展的獨特洞見。如果他們的寫作內容很難懂，那他們肯定在做某些相當令人佩服的工作。而如果有人抱怨他們寫的東西很難跟上，那只顯示出批評家不懂複雜細膩的推論。

那些染上哲學欽羨的人，可以是極好的批判思考家——在他們批評別人的時候[3]。他們充滿殺傷力強的批評，瞄準了形成他人作品基礎的無根據假設。如同我們可能預期到的，他們可能對固著於方法論的量化社會學家很嚴苛，但他們通常把最嚴厲的批評指向採用敵對理論觀點的人。只要他們可以繼續穩居在自己的抽象觀念堡壘中，他們就可以抵禦批評，但在他們嘗試冒險向外實際研究社會行為時，通常就會出問題。這個時候，他們會發現自己妥協了，和他們攻擊過的其他人一樣，做出了同類的假設。

雖然他們可能看似相反，但物理學欽羨與哲學欽羨同時導向相同的問題：他們的支持者發現，很容易就搞不清楚做為社會學實際題材的社會模式是什麼了。兩種欽羨形式導致社會學家變得過度熱愛他們在做的事，以至於有時候忘記他們為何要做了。雖然到最後，他們可能證明他們可以做到某種非常複雜的事情，卻鮮少有人對結果有興趣。

抗議欽羨

第三種誘惑，社會行動主義吸引了某些社會學家。許多知識分子，對於他們活在象牙塔裡、與真實世界隔絕的評論很敏感。有些人是因為關注社會問題、想幫忙處理而進入社會學領域，對他們來說，這一點可能特別成問題。某些社會學家驕傲地替自己貼上學者兼行動家的標籤，宣稱他們的學識是打算促進社會正義。這些社會學家也苦於另一種形式的欽羨——對街頭行動派的欽羨。因為絕大多數的社會學家自認為是政治自由派、進步派或激進派，他們欽羨的行動分子幾乎都是左派[4]。

很明顯，社會學家有政治見解沒什麼不對，就跟他們也有宗教信仰或音樂品味一樣[5]。不過在他們的意見形塑了他們的研究結果時，就可能會出問題。研究者會做出各種選擇——他們選擇他們會研究什麼，他們會如何進行研究，還有他們會如何詮釋他們的結果。那些選擇免不了影響他們的研究發現。這就是為什麼社會學家需要仔細詳述他們的選擇——講明他們的方法，好讓他們的讀者能夠評估，他們的選擇可能如何影響研究結果。他們需要確定他們的政治觀點，沒有引導他們歪曲報導出來的結果，或者導致他們忽略、隨手打發、或者拒斥剛好有不同觀點的社會學家做出的發現。

說到底，社會科學評論應該以證據評估為中心。只因為我們不贊同收集證據的人就忽視證據，是不妥當的——那是一種人身攻擊式的推論。我們或許可以批評當事人所做的選擇，產生出那樣的證據——而那些選擇，可能確實是當事人的政治信念所形塑出來的——不過是那些選擇對研究結果的影響，才應該成為批評的焦點，而不是底下的信念本身。

這三種不同類型的欽羨——物理學欽羨、哲學欽羨與抗議欽羨——全都可能帶著社會學家誤入歧途，導致他們產生比較無用的證據。每個例子裡都存在著一種誘惑，讓人想優先考慮某個抽象概念——方法論上的嚴格、理論上的優雅，或者意識形態上的正確——而不是嘗試理解社會生活的真實運作方式。努力讓別人印象深刻，犧牲掉的就是社會學上的洞見。

社會學的分支

這一章論證了雖然社會學在學術圈內有些影響力，它的立場卻很薄弱。社會學家對此有很強的防禦心態。一部分為了這個理由，一部分是對這個學科的成長做出的一種回應，他們組織成種種陣營——共享特定社會學路線的群體。這種分裂有助於解釋批評者為何擔憂社會學缺乏一個中央核心——一個由這門學科全體成員共同分享的基本骨架[6]。我們將會在隨後的章節裡，探索這一點的某些後果。

批判思考重點整理

- 做為一門學科，社會學被組織成以特定實質主題、方法論或理論為中心的知性陣營。
- 社會學家可能忽略掉社會學的目標：理解人如何彼此影響，反而把焦點放在方法論上的嚴格、理論上的複雜性或社會行動主義。

CHAPTER

7

取向

Orientations

社會學家領悟到人以不同的方式看世界。這種變化有一部分反應個人在社會中的位置；我們承認不同年齡、性別、教育、族裔、職業、宗教或社會階級的人，可能會有不同的經驗，在有幾分差異的文化之中進行社交，也有不同的興趣，這一切都可能形塑他們對自己的生活、還有更廣大的社會有什麼樣的觀點。社會學家做的許多事情，牽涉到比較占據不同社會位置（social position）的人。

身為社會學家，本身就是一種自有觀點的社會位置。社會學家取得一種社會觀點，引導他們去覺察到人類彼此影響的方式，而如同我們已經看到的，許多社會學家屬於強調特定理論、方法論或實質事務的陣營。就像其他人一樣，社會學家可能被自己的多種身分認同形塑——身為社會學家（這導致他們切入世界的方式不同於他人，舉例來說，就跟經濟學家、心理學家或歷史學家不同），還有身為特定陣營成員的身分；毫無疑問，也受到他們在特定階級、性別、族裔等等方面的歸屬所形塑。

此外，社會學家有不同的**取向**（orientation），可能形塑他們如何理解世界。我們可以把這些取向想成是可以支持社會學家論證，並且接著影響他們如何進行批判思考的不同氣質傾向。這一章會討論某些面向，在這些面向上，社會學家的取向各異。

樂觀主義與悲觀主義

雖然我們很容易把樂觀主義與悲觀主義想成是心理特徵，但它們也是取向，可以導引社會學家對社會做出何種詮釋。

樂觀主義

樂觀主義者有積極向上的期待，認為整體而論，事態傾向於有所改善。在社會學中，樂觀主義是連結到進步的觀念。某些早期社會學家——受到演化論出現的影響——認為人類歷史可以被看成某種社會演化，在其中較早、較簡單的社會形式，像是獵人與採集者會演化成更複雜的形式，像是他們自己所處時代的工業社會。因為社會學是為了回應工業革命而興起的，許多最有影響力的早期社會學理論家，透過浮現的社會形態來看待社會變遷，像是艾彌爾．涂爾幹（Emile Durkheim）的機械團結（mechanical solidarity）與有機團結（organic solidarity），或者斐迪南．滕尼斯（Ferdinand Tönnies）的**禮俗社會／共同體**（Gemeinschaft）與**法理社會／社會**（Gesellschaft）。卡爾．馬克思（Karl Marx）認為歷史免不了朝著共產主義烏托邦大步邁進的視野，則是另一種演化式進步的表述。所以說，早期社會學似乎較為樂觀。

社會有所進步的主張，通常會涉及物質豐裕程度的測量。在整個人類歷史的絕大多數時期裡，人出生時的平均預期壽命是大約三十年，這大半是因為有半數兒童會在六歲生日前夭折；時至今日，預期壽命當然多出了數十年。樂觀主義者論證說，這肯定代表進步。同樣地，對於識字度與營養的測量顯示出改善。當代理論家論證說，這反映了科學知識戲劇性的成長與散播[1]。簡言之，樂觀主義者承認改善的可能性。雖然他們承認狀況可能變糟，他們還是相信人類有能力理解世界如何運作，並且用這個知識來改善各種事物。

批評者指出，樂觀主義做為一種取向會有好幾種問題。他們論證說，我們無法保證狀況一定會改善，也無法保證進步的益處會讓所有人雨露均霑；也有一種可能性，就是事實證明表面上的進步是短暫的，就算乍看似乎很扎實的成就，也可能在一次社會崩潰以後消失無蹤[2]。儘管有最近幾個世紀所有的進步證據，當代社會學家似乎在氣質上更傾向於悲觀主義。

悲觀主義

悲觀主義者擔憂的是事態正在漸漸惡化——而且很可能繼續變得更糟。這種印象常常跟強調衰退的歷史觀點結合在一起[3]。這批評很熟悉：在美好的古早年代，小孩子尊敬他們的父母，聽老師的話，成人遵守法律，還有強烈的宗教信仰，每個人都知道自己的本分，而且對自己的工作感到驕傲，社會運作順暢。不過世事每況愈下，我們只能想像將來事情會變得有多糟。

這類衰退的故事，通常是對改變存疑的政治保守派說的，這樣看來，社會學家似乎不太可能採納這種觀點。不過有一種形式的悲觀主義，在自由派（如同我們先前提過的，這包括大部分社會學家）之間也很盛行；他們指出，面對需要做出的改變，障礙似乎屹立不搖。就他們的觀點來看，種族歧視、性別歧視與階級體系，有防堵或者解消掉所有進步的危險。

選擇性的證據為悲觀主義提供支持。「現在的學校都不行了，」悲觀派皮特喊道。「可是，」你回答：「比起過去，現在有更多人留在學校裡更長時間。」「也許是吧，」皮特說：「可是他們學習的方式，跟我那個時代的學生不一樣了。哎呀，就在昨天，店裡的收銀員連找零都有困難呢。」這則軼聞要我們相信，以往每個人找錢都會找對。

就連真正重大的改善都被打發掉。告訴皮特說，現在是有史以來預期壽命最長的時期，他會嘟囔著抱怨：「可是以前的人比較快樂。」不，皮特並沒有一個快樂度量計，讓他可以測量長時間的情緒變化；他只是很確定在世事開始變糟以前，過去的人比較快樂。

悲觀主義通常採取懷舊的形式，人在其中回憶起玫瑰色的過往。社會學家的懷舊鄉愁，通常以社群的喪失為核心。他們堅持，在美好的古早年代，人生活在關係緊密的城鎮與鄰里間，人人認識彼此，每個人都有種歸屬感。相對來說，現代社會更加匿名，更加——套用一個學界最愛用的社會學詞彙——失範（anomic）。有好多本社會學界的破紀錄暢銷書，都有源於這種主題的書名：《寂寞的群眾》（*The Lonely Crowd*）、《追尋寂寞》（*The Pursuit of Loneliness*）、《一個人打保齡球》（*Bowling Alone*）。從這個觀點來看，寂寞跟社群的喪失，是現代生活的問題。

這個見解有幾個問題。首先是這樣忽略了那些前現代社群裡的生活條件——請記得，那些地方有半數新生兒在六歲前就死了，而女人被期待要百依百順。世界肯定是變了，不過不管悲觀主義者怎麼抱怨，在這些變化之中，明顯有許多（如果不是大多數）是往好的方向發展。

悲觀主義就像樂觀主義，對於思考社會變遷來說是糟糕的指南。世事是有所改善還是愈來愈糟，是社會學家或許能嘗試衡量的事情。這樣會需要設計某些評量事物良好程度的標準，而其他人可以自由批評那些標準，還有進行衡量的方式。我們可能發現某些事物有所改善，其他卻走下坡。假定有個主導模式——樂觀派與樂觀派都傾向這麼做——可能是個錯誤。

團隊文化與團隊結構

文化與社會結構，對社會學家的思維來說是很核心的觀念。文化基本上指涉到人類所知的每件事——指的是他們用來為世界分門別類的語言，還有他們指定到這些分類上的意義。文化是人類學裡的核心概念，因為早期人類學家旅行到遙遠的地方，記錄在那裡生活的人如何理解他們的世界。那些人有不同的語言、不同的習慣與不同的信念，所以很容易指認出那些文化的獨有特徵，跟人類學家們理解他們自己普通日常世界的方式，形成極其鮮明的對比。

要辨識出我們自己的文化，更有挑戰性；我們沉浸於其中，純粹假定我們對這個世界的理解是正確、正常又合情合理的。這就是為什麼社會學仰賴比較，比較揭露出占據不同社會位置的人，通常對事物有不同的看法。這種發現讓人心頭微微一震——我們領悟到並不是人人都共享我們視為理所當然的觀點，我們的文化只是許多文化中的一個。

這裡還需要一個額外的步驟：承認就在我們認為自身的文化或觀點正確又正常的同時，其他文化中的人也理所當然地認為，自己的文化正確又正常。所有民族——跨越時間與空間——都沉浸在自己的文化裡。

社會結構（social structure）指涉到組織社會生活的方式。每個尋求長久延續的社會，都需要男性與女性、兒童與大人。就連獵人與採集者組成的最小群體，都遵從為不同組別成員分配勞務的社會安排。更大的社會，設計出更詳盡得多的社會結構，以氏族、族裔、性別、財富、地位、權力、職業、年齡、宗教、還有社會學家研究的所有其他變數為基礎。

文化與社會結構以複雜的方式彼此強化。人的很多文化知識，會幫助他們了解自己所處社會的社會結構，所以大多數成員學會把社會安排視為理所當然，認為事情就是這樣，而且本來就該如此。與此同時，那些社會安排的功能就是再製造文化，方法是（例如）提供家庭與學校教導年輕人的文化課程。

在人類歷史較早的時間點上，大多數人住在小而同質的社群裡，大家對於世界如何運作，共享單一的觀點。然而在今日，住在這種受保護環境裡的人相對稀少。城市生活與大而複雜的社會，傾向於把人扔去接觸一大堆不同類型的群體，而像是電視與網路這樣的媒體，讓我們又暴露在更多其他種類的人面前。不管這可能對我們造成多大困擾，我們都必須承認，這些人屬於不同的文化與次文化，或許吃著不同的食物、穿著獨特的衣服，或者行為舉止的方式讓人意想不到。理解這些差異的需要，正是社會學為何會存在的理由。

雖然文化與社會結構影響所有人，而且在社會學裡是基本概念，社會學家通常強調其一，沖淡另一方的重要性。我們可能把這兩者想成敵對隊伍：文化隊與結構隊。我們常會聽到究竟是先有雞還是先有蛋的爭辯，問到底是哪一方導致另一方：是文化驅動了社會結構，還是社會結構形塑了文化？這又接著激起對於社會學範圍內特定主題的辯論。

我們來考慮一下貧窮。貧窮是社會研究者最古老的關注議題之一，是無數研究的主題。所以既然我們對貧窮所知不少，問這個問題似乎很合理：是什麼導致貧窮？文化隊與結構隊積極支持的是不同的答案。

文化隊

如同它的名稱所暗示的，文化隊強調文化做為貧窮及許多其他社會狀況的主因所扮演的角色。當社會學家使用這個詞彙時，文化指的是人類所知的事情，包括他們的詞彙、他們的規範（也就是說，他們認定的行為規則），還有他們的價值觀（亦即他們的理想）。請想像一個社會中的兩個次團體；雖然兩個團體可能都告訴年輕人，他們在學校表現良好、不要違反法律、要努力工作、晚點結婚、避免年紀輕輕就懷孕很重要，然而同樣為真的是，其中一個團體（其中有很多成年人的生活反映出這些目標）一致地強調這些教訓，另一個團體（其中的成年人則達不到其中某些目標）似乎沒這麼致力於傳達這個訊息。換句話說，兩個團體有不同的文化。前面那個團體可能讚揚延遲滿足是成功之道，後面的團體卻可能傳達出某種宿命論：年輕人不可能對自己的生活做出太多改善。我們可能期待在前面那個文化裡養大的孩子，在校表現會比較容易勝過面對不一致訊息的孩子[4]。

近年來，文化隊傾向於吸引政治保守派，他們論證說貧窮是糟糕選擇的結果（像是輟學或青少年犯罪），這些糟糕選擇則是有缺陷文化的產物。他們傾向於淡化處理關於社會結構影響（例如階級差異與種族歧視）的論證，反而認為貧窮的解決方案，就是讓個人做出更好的選擇。

結構隊

結構隊的回應是，美國社會有許多不平等——社會階級不平等（意思是有些人有遠高得多的收入，遠比其他人有錢）、族裔不平等（像是非白人比較不可能在完整家庭裡成長，預期壽命較短，有多種形式的被歧視經驗）等等。這些結構性安排，讓已經有優勢的人比較容易完成學業、不惹麻煩、避免貧窮，同時讓優勢較少的人更難以克服他們面對的困難。

屬於結構隊的人通常是政治自由派。他們傾向於抗拒強調文化的解釋，有時候會用上「責怪受害者」這樣的說法（在第十三章會進一步討論）。就這種觀點來看，被文化隊貼上標籤的「糟糕選擇」，最好理解成應付結構性挑戰的創造性方法。他們會論證說，中產階級上層、郊區長大的小孩表現好，並不怎麼令人驚訝：畢竟他們擁有每一種優勢。但窮人家孩子來自錢少、安全比較堪憂的家庭，他們上的是提供機會的管道比較少的弱勢學校。無怪乎某些人變得很挫折或氣餒。與其把個人的糟糕選擇怪到文化上，結構隊堅持，如果我們真的想要處理貧窮，我們應該試著匡正結構問題。

所以，哪一方才對？

你可能在想，兩隊都有其道理。貧窮是一種複雜的現象，而且可能沒有單一成因——或者單一解決方案。毫無疑問，在形塑不同的個人行為時，文化與社會結構都扮演了某種角色，這表示我們最好避免選擇徹底支持某一隊勝過另一隊。堅持我們知道一個真正的成因，完全拒絕考慮另一個觀點，是過度簡化社會世界。不需要對任何一隊表達效忠。更合理的做法，是權衡證據來決定文化跟社會結構在何時、如何會有影響。

局內人與局外人

無可避免，我們在文化與社會結構上注意到什麼，仰賴的是我們站在什麼位置。我們是特定文化與社會結構裡的局內人，所以傾向於把那些位置看成理所當然；或者是局外人，一窺不熟悉的文化或社會結構，設法要理解種種事物？人類學家有時候把這些稱為「主位（emic，局內人）觀點」與「客位（etic，局外人）觀點」。重要的是意識到兩者都有自身的優勢跟劣勢。

局內人對於他們的世界，有很徹底而細膩的理解，局外人可能永遠無法完全掌握。然而，因為他們把這個世界視為理所當然，他們可能很難辨識出自己——還有這個世界的其他成員——做出的假設，或者批判性地思考這些假設。另一方面，局外人可能覺得很容易對他們在檢視的世界保持客觀，但他們對其中的幽微之處，理解永遠不完美。

事實上，我們在世間穿梭遊走的時候，我們都在同時是局內人，也是局外人。我們每個人都是某個特定年齡、性別、族裔、身高的個人，某個有獨特個人經驗史的人。沒有別人能完全理解我們處於什麼位置、我們感受如何。在某種程度上，我們可以把其他人統統視為局外人。

這有助於解釋為什麼某部分社會學有種自傳性質。對於社會生活某個層面有第一手經驗，像是屬於某個特定族裔團體、身為女性、或者曾在某種特定職業工作過的社會學家，會發現自己比較容易看出為什麼這個面向在社會學上很有意思，而且可能會因此產生研究動力。這方面有無數的例子，有些要回溯到美國社會學剛開始的數十年，像是偉大的非裔美籍社會學家杜博依斯（W. E. B. Du Bois）所寫的《費城黑人》（*The Philadelphia Negro*）與其他研究黑人美國的經典著作。

毫無疑問，社會科學家的發現在某種程度上是由他們的局內人／局外人地位所形塑出來的。這樣的考量鮮少影響關於物理科學家的討論。我們理所當然地認為，研究分子性質的化學家、或者觀察天體運動的天文學家都是「局外人」，而且我們預期研究化學或天文學的最佳辦法，牽涉到對於研究主題採取客觀的切入路線。相對來說，社會科學家就可能會涉入客觀性是否真有可能、甚或值得追求的爭論裡。

局外人假定客觀性在社會科學中，就跟在物理科學中一樣重要。不過，局內人會論證說，這樣的客觀性是不可能的，局外人永遠不可能完整理解他們設法研究的社會過程。在某些例子裡，他們堅持局外人甚至不該嘗試研究他們不屬於的團體。

兩種觀點都有其道理，雖然當代社會學家變得更願意質疑局外人對某些群體進行研究的能力，而且許多近期的民族誌是由局內人所撰寫的。值得回想的是，局內人與局外人兩者都有優勢與劣勢，而且我們很容易指出分別從兩種觀點寫下的優秀作品。

悲劇與喜劇

從許多社會學家偏好悲劇的傾向來看，他們用悲劇性的方式來看待他們的研究，專注於他們的研究對象所面對的挫折與困難，並不令人驚訝。他們認為他們的核心主題是不平等，還有不平等強加於個人生命之上的損害。他們傾向於把焦點放在讓人日子難過的社會結構安排，並且努力幫助他們的讀者，對研究對象的苦境感同身受。

然而有某些社會學家採用比較喜劇性——或者至少是反諷——的視角。厄文．高夫曼（Erving Goffman）的許多作品，探索一般人似乎沒注意到、卻支撐著他們日常生活的種種假設。舉例來說，他檢視人如何設法讓自己看起來比別人更好，同時在過程中設法說服自己，他們具備自己描繪出來的那些特質。同樣地，他把詐騙者如何說服受害者不要向有關當局申訴的方式，跟人幫助彼此應付日常生活的種種失望相提並論[5]。換句話說，盡可能粉飾太平，意謂著人對於自身行動的解釋，跟他們寧願淡化或隱藏的其他目的之間，是有落差的。這種不一致

——人在想的事情（或者至少是他們自稱在想的事情）和他們實際作為之間的鴻溝——在被揭發的時候，可能很令人驚訝，這全都是人性喜劇的一部分。任何讀了很多社會學的人，都可以指出其他有喜劇暗示的作品實例。

在《到底什麼這麼好笑？文化與社會的喜劇概念》（*What's So Funny? The Comic Conception of Culture and Society*）裡，社會學家莫瑞・S・戴維斯（Murray S. Davis）論證說：「幽默嘲笑的是社會學探究的相同現象。[6]」也就是說，幽默呈現的對象是社會類型與常見的情境、風俗習慣中的固有模式、被違背的期待，自我欺騙與偽善更不在話下。不管某些社會學家可能有多嚴峻地堅持，他們的研究主題沒什麼好笑的，社會評論通常會有個喜劇性的轉折。想想像是湯姆・沃爾夫（Tom Wolfe）和大衛・布魯克斯（David Brooks）這樣的記者，他們提供令人莞爾——而且就社會學上來說很有見地——又帶有喜劇暗示的分析[7]。或者考量一下帕金森定律（Parkinson's Law），這個觀念指的是工作會膨脹到填滿分配到的工作時間；或者彼得定律（Peter Principle），主張階級制度中的人通常會升遷到他們「無法勝任的高度」——這些觀念出現在偽裝成社會科學家之作的幽默散文裡，對社會慣例提供了鞭辟入裡的批評[8]。

大多數社會學家偏愛從悲劇角度切入研究主題的事實，並沒有消滅採用喜劇性取向的可能性，就像現在這個學門偏愛悲觀主義、結構性解釋、還有局內人聲音的真實性，並沒有阻止某些社會學家走上較少人踏上的其他道路。

取向的重要性

這一章的主題——樂觀主義與悲觀主義，文化與社會結構，局內人與局外人，悲劇與喜劇——可以被視為社會學氣質或風格方面的事務。它們關注的是社會學家在決定如何追尋並呈現其作品時，會做出的抉擇。雖然在社會學家採用某些風格的時候，有些人可能會覺得很困擾，這些風格中任何一個都可以是正當的選擇。

這些取向對於批判思考來說的相關性是什麼？理論上，在判斷一個社會學論證的品質時，風格之事可能看似不重要。不過在實用上，許多社會學家可能會發現，很難評價風格跟自己不同的作品。察覺到作品的取向，可以幫助我們把它置入恰當的脈絡中。

批判思考重點整理

- 考量在基礎支撐社會學作品的取向，可能很有幫助：它是樂觀還是悲觀的？強調的是文化還是結構所扮演的角色？分析者是以局內人還是局外人身分切入這個主題？觀點是悲劇性還是喜劇性的？

CHAPTER

8

用語 Words

我們全都仰賴語言來思考。我們所知的詞語跟我們指派給這些字的意義，形塑了我們的思考。在這方面，社會學家就像其他人一樣；我們的字彙影響我們理解與解釋這個世界的努力。然而，因為社會學家在嘗試解釋社會成員如何、為何有現在這種舉動，我們使用的詞語需要特別小心選擇。這裡免不了有個局內人／局外人議題：社會學家必須使用社會之內習得的詞語，同時又對那個社會採用一種社會科學式、局外人般的立場。因為詞語有可能意義滑動不明確，有造成混淆的潛在可能。

術語

批評家常常嘲弄社會學家，使用複雜到超出必要的語言——被稱為術語（jargon）或社會學用語（sociologese）——來替他們的觀念塗脂抹粉[1]。這種批評暗示社會學家虛矯的語言，是設計出來隱瞞事實：社會學不過就是常識。就連社會學家都批評同一學科內的其他陣營，使用意義濃密晦澀到不必要的詞彙[2]。

這種批評可以把社會學家逼到守勢，而某些人會替他們的乏味文體辯護，論證說技術語言是精確闡述觀念的必要之舉。說到底，化學家和其他科學家也用專門字彙，社會學家當然有權利選擇他們使用的詞彙。不過，其他社會學家更有可能退一步承認，對術語的批評有其道理，而他們呼籲在這門學科裡寫作更清晰明瞭些[3]。

社會學家跟語言之間的問題，並不只是風格上的。在社會科學散文中有些真正的陷阱，可能在社會學家的推論過程裡造成邏輯問題。舉例來說，社會心理學家麥可·畢利格（Michael Billig）的書《學寫爛文章：如何在社會科學界成功》（*Learn to Write Badly: How to Succeed in the Social Sciences*），乍看書名，可能看似只是又一個對於術語的抱怨，然而他還有個更加重要的論點：創造新詞彙鼓勵社會學家把這些新詞語等同於實際的解釋[4]。在一般狀況下，這牽涉到發明名詞來描述社會歷程，像是**科層化**（bureaucratization）或者**現代化**（modernization）。就來看看這樣的用語，如何能夠傳遞出一種已經提供解釋的錯覺吧。假設艾希莉觀察到採用其他社會的習俗，造成了社會變遷；既然一般來說，這種狀況包含變得更像是我們認定的其他現代化社會，她就把這個過程稱為**現代化**。X社會發生了什麼事？它正在現代化。為什麼它在現代化？因為它正在變得更像其他現代化社會。

以這種方式說明，我們不得不承認這是個同義反覆——說A為真，是因為我們已經假定它為真所產生的謬誤：X社會正在現代化，因為它變得更像其他現代社會（這就是現代化的定義）。不過，一般來說，這種用法有更多冗贅之詞做掩護——舉例來說，宣稱X社會「正在經歷現代化的歷程」。這句話補上了一個被動動詞——一種文法上的設計，常常模糊了到底是誰在行動——而那句徹底無用的「的歷程」之所以是贅詞，是因為從定義上來說，現代化本來就是個歷程。

我們到頭來得到的解釋，就是現代化這個歷程，是變得更像其他現代社會的歷程——而這仍然只是個描述，不是一種解釋。加上更多字詞，並無法幫助艾希莉實際解釋任何事。

流行用語

社會學家的詞彙——就像所有語言——會隨著時間演化。一度流行的用語會失寵，同時新詞彙變得流行。舉例來說，在二十世紀初期，對於祖先來自非洲的深色皮膚人群，**有色人種**（colored）是有禮貌而尊重人的詞彙（因此一九〇九年創建的全國有色人種協進會〔National Association for the Advancement of Colored People〕才會叫這個名字，簡稱NAACP）。到了二十世紀中葉，有色人種一詞不受歡迎了，**黑色人種**（Negro）成了比較好的說法（如同在一九四四年創立的國家黑色人種學院基金〔National Negro College Fund〕）。到了一九六〇年代晚期，**黑人**（black）取代了黑色人種（如同一九七一年創立的黑人國會議員連線〔Congressional

Black Caucus〕）。後來非美人（Afro-American）短暫地興起，接著是非裔美人（African American）愈來愈受到歡迎[5]。在不同時期，試圖表達尊重態度的人把這些詞彙用在同一群人身上，而隨著每個新詞彙被採用，它的前身就開始顯得過時、失禮、甚至不尊重。

再來考慮第二個例子：在十九世紀末，專業人士對於被認為比較不聰明的人，使用的禮貌用語是**心智薄弱**（feebleminded）。隨著心理學家開始應用智力測驗，他們產出了新的詞彙，像是**白痴**（moron，被定義為智商測驗結果介於五十一到七十之間的人）。到了世紀中葉，**心智遲緩**（mentally retarded）取代了白痴（同樣被取代的還有**低能**〔imbecile〕與**笨蛋**〔idiot〕——都是指涉到特定範圍低智商人士的詞彙）。現在大家偏好的詞彙是**智能障礙**（intellectually disabled）。所有這些詞彙，本來都曾是物理學家、心理學家跟其他專家愛用的詞彙；在這些詞彙新得發亮時，使用它們就釋放出一種開明的專業主義訊號。不過，這些詞彙散播到整體人口以後，增添了種種貶抑性質的言外之意，這時就需要提出更有尊嚴的新詞彙了。用那個新詞彙，就表明你是個懂得尊重別人的人，就像使用較老舊的詞彙暗示著你跟時代脫節、不夠敏感，甚至很粗俗。

這種模式——某種事物，例如一個新詞，在興起之後散播開來，結果受歡迎度日漸消退——就是所有流行的正字標記[6]。雖然我們傾向於把流行跟輕挑聯想在一起，但就算最嚴肅的社會世界——是的，包括社會學界——都體驗過流行。社會學詞彙肯定是所屬時代的產物；新用語持續地興起，同時舊用語則逐漸消失：**東方的**（Oriental）變成**亞洲的**（Asian），**性別**（gender）置換掉**性別角色**（sex role），**語言**（language）則變成**話語／論述**（discourse）。像**強制異性戀本位**（compulsory heteronormativity）這樣的新概念冒出頭來。其中某些變化，反應了更大範圍的社會語言轉變，其他改變則限制在社會學的範圍內，甚至只局限於特定社會學陣營裡。

請注意，這些詞彙選擇變成了地位象徵。社會學家——特別是那些苦於哲學欽羨的人（見第六章）——可能到處亂用現行的複雜術語，向世界展現他們跟得上時代，居於他們這個學科最先進的思維尖端，而那些持續使用退流行詞彙的人，則顯露出自己落於時代之後，或許甚至牽扯到過往的錯誤裡。作者們——還有編輯們——對於他們選擇的用語必須做出種種決定：如果你選擇寫下小寫的黑人（black）而不是大寫的黑人（Black），你表達了什麼[7]？而如果你選擇大寫的黑人，你是不是也應該把白人的頭一個字母拼成大寫（White）？在你談論某個普通人的時候，你應該選擇寫他，還是她，或者是他或她，還是他們？就連這樣看似很小的決定，都可能看似揭露了你的立場，並且影響其他人如何判斷你和你的觀念。

很明顯地，新術語並不是很平均地到處散播、或者一次散播到所有地方。它反而是沿著既有的社會網絡傳導出去。在社會學中，詞彙通常是在陣營之內興起，最初也在陣營內散播。某些詞彙從來沒有傳播到超越單一陣營的邊界之外，而其他詞彙卻被別的社會學陣營、甚至是社會學領域外的人接受。最成功的詞彙，得到媒體、政府官員、還有其他可以充當正確用法模範的名人沿用。改變指稱較小（相對於較大）人群範疇的詞彙，可能比較容易，而把標籤加諸於他人，可能比一群人自行要求得到新的標籤更困難。舉例來說，在**非裔美國人**這個詞彙取代**黑人**的時候，有些人建議白人應該被重新稱為**歐裔美國人**（European

Americans），不過那個詞彙從沒有太多人用。同樣地，對於跨性別人士日漸增加的關注，讓那些對性別議題感興趣的人，稱呼性別認同與自身身體性器官相符的人為**順性別者**（cisgendered）。那個詞彙——在我寫下這一段的時候，仍然是相對新穎的詞彙——是否會普遍被採用，仍然有待觀察，但既然這個用語描述了絕大多數的人，其中大多數可能不承認有需要用上這個詞彙，看來它不太可能在特定學術陣營與社交圈之外得到廣泛使用。

詞彙被採用，通常是因為事實證明它們有用。大多數新用語之所以出現，是為了描述日常生活。我不知道**直升機父母**是由誰原創的，但很多人採用它。其他詞彙，像是**角色模範**或者**重要他者**，源頭在社會學之內，卻散播到一般人口之中，雖然大多數在特定社會學陣營裡出現的詞彙，並沒有這樣散播出去——也不該有此期待——這可能是因為它們看來似乎沒什麼用處。因此社會學作品的讀者群，小於社會學家要是用更平易近人的散文寫作會得到的讀者群。

定義

發明概念有個附帶的問題。社會學家鮮少把他們發明的詞彙定義得夠精確，好讓其他人可以在一個概念的意義外圍劃下鮮明的界線，可以說「這個是此概念的例子，但那個不是」。

請想想偏差（deviance），社會學家在一九四〇年代晚期開始講到這個詞彙。這個概念背後的有趣想法是，人思考並且對待犯罪、心理疾病、自殺與婚外性行為的方式有相似之處。乍看這些可能看似不同種類的現象。舉例來說，犯罪的人被認為要為自己的行為負責，有心理疾病者卻不用；因此犯罪者被懲罰，有心理疾病的人卻得到治療。然而在實際處置上，卻有相似之處：關押定罪犯人的監獄，跟以前關著大量精神病患——其中許多人是非自願入院——的精神病院，看起來沒那麼大的不同[8]。

所以社會學家開始探索是什麼連結起這些現象，同時提供了偏差的概念。起初他們論證說，偏差應該被界定成違反一種規範。這在罪犯的例子裡相當明顯

——一宗犯罪就牽涉到破壞法律。不過，心理疾病違反了什麼規範？真的有條**規定說**，我們不該有像是嚴重憂鬱之類的毛病嗎？社會學家設法繞過這個問題，解釋說心理疾病牽涉到打破**補充規則**（residual rules，也就是不成文規定）。但「偏差就是打破一種規範」這種定義的多種問題，導向貼標籤理論，這個理論把偏差定義為任何被人當成「偏差」的事物。當然了，這是一般人不常用在日常生活裡的詞彙，所以很難知道如何應用這個概念。對於偏差，社會學家提出過的定義如果沒有數百種，也有數十種，全都有些微差異，不過說到底，大部分這些定義都同意，偏差牽涉到打破一種規範，還有／或者被貼上偏差的標籤。

不過，真正的問題是搞清楚偏差（無論它可能有什麼定義）的範圍涵蓋了哪些事物。犯罪與心理疾病——當然了。同性戀呢？一度被視為令人困擾（而且照慣例被併入偏差範疇）的東西，不只有同性戀，還有現在大多數社會學家認為屬於偏差範疇之外的所有形式性取向。同樣地，早期的偏差教科書裡包含了一些章節，談的是其他不再屬於偏差行為範疇的主題，像是賭博、離婚與婚前性行為。的確，社會學家曾經把所有與眾不同的現象，都視為不同形式的偏差，其中包括爵士音樂家、紅髮人、猶太人大屠殺受難者與失能者。這些現象有什麼共通點並不清楚，這也就是說，偏差是怎麼被定義的並不清楚。我們可以看到類似的混淆出現在其他社會學概念中；這些概念的定義，極其仰賴引人注目的例子。「看，」這些概念的作者們似乎在說：「這個概念就靠這些例子來說明了。」

概念蠕變

概念建立在模糊定義上的問題是，這些概念可能很容易就被應用到愈來愈多的主題上。這通常被當成概念實用性與作者影響力的象徵。因為在其他細心的研究者使用某個詞彙的時候，發明該詞彙的作者理應被引用，這樣的引用提供了「證據」，指出作者是個有影響力的思想家，而且這個概念很有用。這一切都強化了採用時髦字眼的傾向，這種傾向同時為新詞彙的創造者、還有時尚嗅覺好到會採用這些字的人，帶來對他們有利的矚目。

在這個概念本身定義含糊的時候，這類的引用很容易。我們再一次以偏差為例。每個人都知道右撇子數量多過左撇子，而有很多日常物品，像是腕錶和剪刀，都是設計成讓右撇子比較容易用。為什麼不論證說身為左撇子是一種偏差？這樣就把左撇子——這是某些（可能是左撇子的）作者可能會覺得很有趣的主題——跟更大範圍的社會學思想連結在一起了。

請注意，左撇子相當不同於偏差的經典範例：犯罪與心理疾病。左撇子的人並沒有被迫進入類似監獄或精神病院那樣的機構。他們只是在一個設計給右撇子群眾的世界裡，要忍受種種小小的不便——他們很難替手錶上發條或者用剪刀，而且他們可能經歷過一點嘲弄。現在，我們有可能想像一把社會性不便量尺，就說範圍從嚴厲懲罰到最溫和的那種不贊同為止，職業罪犯被放在坐牢那一頭，左撇子則在靠近嘲弄的那一頭。很明顯，在社會學家開始談到偏差的時候，他們想像這個概念是指涉受制於嚴厲禁制（像是被囚禁）的人。不過隨著時光流逝，還有其他社會學家開始把爵士音樂家和紅髮人士包括在偏差的範疇裡，這個概念的領域就開始擴張了。

這就是概念蠕變：隨著時間過去，某個概念被認為涵蓋到的範圍——開始增生了。這個過程並不會自然告終[9]。我曾聽說社會學家半開玩笑地說：「其實，每個人都是偏差者。」不過，要是我們認真看待這種評語，它提出了一個問題。如果每個人都是偏差的，那麼偏差的意義就變形到現在只是身為人類的同義詞了。這個詞彙已經失去做為社會學思考工具的所有價值。概念蠕變，就是經濟學家的惡性通貨膨脹在社會學界的等價物：這個詞彙可以被用來指涉太多不同的事物，以至於變得幾乎毫無價值。

我們在前面檢視過的那些模糊定義，鼓勵了概念蠕變。社會學家傾向於用實例來定義他們使用的詞彙，也歡迎其他人增加例子，漸漸地，在幾乎沒人注意的狀況下，新的添加物就愈來愈不像起初激發出這個詞彙的例子。

請想想高夫曼的經典論文〈論全控機構的特徵〉（On the Characteristics of Total Institutions）。高夫曼並沒有提供精確的定義，不過提到某些機構「比起下一個性質較類似的機構，包圍的程度之高，高到不成比例。他們的包圍性或者全控性特色，其象徵就是對外社會交流與離開的路障，通常是直接建立在實體廠房上，像是上鎖的門，高牆……這些建制，我稱之為全控機構[10]」。高夫曼接著繼續列出他意指的各種地方——監獄、精神病院、軍事基地、修道院。含糊的定義對高夫曼的分析無傷，因為他論文中的例子太有說服力了。隨著全控機構概念變得愈來愈有影響力，大家開始把這個詞彙應用到範圍愈來愈包山包海的各種環境裡，包括高中跟大學。我們可以看出這麼做的吸引力：把一所高中說成是全控機構，暗示著那裡就像監獄，這是個很有娛樂性的念頭，讓我們想起至少有些學生在學校教室裡感覺像被關起來。而其他可能讓人覺得疏離、或者被困住的環境又如何呢？像是購物中心或主題公園之類的地方？什麼都無法勸阻一個充滿熱忱的社會學家，把這些地方也納入全控機構的領域裡。

想像一下採取這條路線的自然科學家。舉例來說，假設化學家開始說有比八顆再多一兩個質子的原子，也可以被稱為氧氣。這個想法很荒謬。自然科學家反而會保衛他們的概念邊界。我念小學的時候，我們學到九大行星繞行太陽。然而在二〇〇六年，天文學家投票把冥王星重新歸類為矮行星，而今日的學童學到的是太陽系有八大行星。冥王星被降格，有部分是因為它的運行軌道與構成方式不像其他行星：四個內行星基本上是岩石，而四個外行星則是巨大的球狀氣體，冥王星卻是一小團凍結物質。天文學家開始偵測到其他較小、甚至距離更遙遠的冰塊團在繞行太陽。如果冥王星是個行星，其他這些物體不是也該加入行星的行列嗎？他們決定劃下界線，把冥王星排除在行星名單之外，而不是把大量其他不太有趣的冰凍小團塊也加進名單裡。

為什麼社會學家覺得要控制他們的概念邊界有這麼難？還不只是他們的定義不清不楚而已。扛著一個熟悉、地位已經確立的概念還有種種好處。這樣容許分析家論證說，被研究的任意對象就像是——很類似、本質上相同、確實無異、道德上等同於——這個已確立的概念。這樣也讓分析家能利用既有概念所擁有的任何聲望。

不過，這樣做有代價。如果所有論證的用意都在於說服，那麼論證就是一種形式的溝通：目標是把一個人腦袋裡的觀念，轉換到另一個人的大腦裡去。我們選擇的用語，會讓溝通變得更容易或更困難。決定用含糊、晦澀、不熟悉的社會學用語，可能讓使用這種語言的個人自覺很聰明、或者很世故有品味，但也可能讓原本打算吸引的讀者打退堂鼓，懶得去注意。而少了清楚定義來限縮社會學概念的涵蓋範圍，這個學科很難有持續的進展。

批判思考重點整理

- 用語選擇有時可能改善、有時可能扭曲一個論證的清晰程度。
- 用語選擇受制於流行。
- 因為社會學概念的定義不清楚，概念範圍很容易擴張。

CHAPTER

9

問題與測量方式
Questions and Measurements

我們可能對世界有各種問題：神存在嗎？天空為什麼是藍的？公平是什麼？可能有正義存在嗎？如此等等。社會學家可能對於神是否存在有些個人見解，或者記得夠多他們在基礎科學課堂上學到的事情，能夠解釋天空為什麼是藍色，但在處理那些問題的時候，他們並不是在運用他們的社會學專業技能。

社會學問題

如果社會學觀點把焦點放在人對彼此的影響上，那麼社會學問題就是處理是否有、為何有這樣的影響在運作，以及這種影響是如何運作的。所以，在實用上來說，雖然社會學家鮮少對神的存在或天空的藍表達自以為是的見解，他們卻滿可能宣稱什麼事情算是公平或正義。有些人甚至宣稱，社會學家應該致力於促進公平或正義。然而他們在社會學的訓練，並沒讓他們夠格對何謂公平正義，做出權威性的判斷。

關於公平與正義的主張是**價值判斷**，仰賴的是個人價值觀。在這些價值觀的差異，通常會導致關於社會政策的辯論。請想想那些大家爭個沒完的熟悉敏感話題——槍枝、墮胎、死刑、平權行動（affirmative action）、安樂死、移民、藥物。這些辯論的參與者，傾向於藉著像是公平、正義、道德、自由、權利與平等之類的價值，來合理化他們的立場。（如同在第二章解釋過的，這些是他們論證的論據。）通常在對立兩邊的人訴諸的是相同的價值；舉例來說，合法墮胎的贊成者與反對者，都用上權利的語言來證成他們的觀點（也就是說，一個女人的選擇權對抗一個胚胎的生存權），就像關於平權行動的辯論，變成不同的公平觀念彼此相爭。價值是抽象概念，而人可能訴諸於相同的普遍價值，卻對那個價值在實務上意謂著什麼，有不同的看法。

價值判斷因時因地而異，而且應該沒有人比社會學家更能夠察覺這點，畢竟他們是研究文化差異的人。兩個世紀之前，有些美國人堅持奴隸制度是公平、正義、正常又值得嚮往的，與此同時，也有其他美國人質疑所有這些主張。在不同的時間點上，一般人用哪些論證來支持或反對奴隸制度，是社會學家會感興趣的那種事；研究關於公平或正義的特定觀念是如何浮現、散播或消退，肯定是他們的事。在我們的時代，「奴隸制度是錯誤的」幾乎是普世性的觀點。但宣稱奴隸制度是壞的、或者主張某件事情是或不是合乎公平正義，這是從一個人自己的價值觀，而不是從社會學中衍生出來的。

要是一個人在表達自己的價值觀或提供意見的同時，引述了自己的資格證明——比方說，身為（某個）大學的（某學科）教授——可能會模糊掉前一段裡說到的這個事實。得知一個有某種地位的人抱持某個觀點，可能有助於說服他人也偏向支持那個觀點。不過，我們也需要考量他們的資格證明相關性：醫師可能比一般人更有資格談醫療議題，但在他們的職業專長有相關的時候，他們的判斷才會最有說服力。同樣地，一位簽下請願書的社會學教授，對於一個非社會學問題公開表達一個立場，這應該被理解成此人以公民身分說話，而不是以社會學家之名發言。

很明顯的是，所有社會學家——就像所有其他人一樣——都有價值觀。「徹底價值中立的社會學」——最好把這種觀念理解為一種目標，在這方面，研究者應該設法誠實地評量證據，不讓他們的價值觀扭曲他們的研究結果所顯示的事情。然而在實踐上，價值觀通常形塑了社會學家選擇研究的事情，甚至是他們如何詮釋他們的證據。

經驗性問題

社會學家有時候會說「那是個經驗性問題（empirical question）」，意思是應該有可能藉著檢視真實經驗世界的證據，來找出答案。讓我們舉個簡單的例子：想像一間大學的教室裡擠滿了學生。亞當想知道這一班是不是男多於女。為了找出答案，他可能看著教室，直接清點男性與女性的人數。所以班上男性是否比女性多的問題，就是個經驗性問題，而且可以透過檢視觀察到的證據來回答。

當然，不是所有經驗性問題都是社會學問題。天空為何是藍色的解釋，想必有可能加以驗證，但其中並不涉及社會學推論。同樣地，並不是所有關於社會學主題的問題，都必然是經驗性的——甚至不見得是社會性的。社會學家對於不平等相當感興趣，但如同我們已經看到的，人可以圈出處於社會學領域之外的不平等問題——像是這個：「不平等是公平的嗎？」然而社會學家可以對不平等的種類、程度與後果收集證據，而且我們可以對這些主題問出經驗性的問題。我們可以針對不平等做社會學研究，但社會學無法決定不平等是對還是錯。

測量方式

回答經驗性問題，需要我們設計某些方法來檢驗我們收集的證據，測量我們設法理解的事情。讓我們回到亞當的問題上。在這個例子裡，他的方法牽涉到清點兩個範疇裡的學生，男性與女性。然而布蘭達挑戰這個做法：要是在他做觀察的時候，某些學生不在場呢？或者有可能某些學生的外表雌雄莫辨，以至於很難有信心地指認他們的性別呢？換句話說，亞當查看這個教室的技術，可能沒有精確地衡量到男性與女性的相對人數。接著恰克建議了一個不同的做法：就看著班級點名簿來計算男女姓名。可是黛比表示反對，恰克的方法也有問題，因為有些名字，像是雅德里安（Adrian）或泰勒（Taylor），是可男可女的。如果他可以找到一本列出每個學生性別的點名簿，那可能有用。然而愛德抗議說，光是看那些學生或者在點名簿上查出他們的名字都有缺點，因為不是每個人都有二元式的性別身分認同——某些學生可能拒絕讓社會把他們歸類成男性或女性。

還有其他諸如此類的討論。重點是，回答經驗性問題的每個嘗試，都要求某種收集必要證據、然後加以評估的程序。任何實際上進行一份研究——就算這只牽涉到清點一間教室裡的男女人數——都必須做出選擇，決定要檢驗什麼，還有如何執行這項檢驗。而如同亞當跟他的夥伴們在討論中揭露的，人總是有可能揣測前面的選擇，提出理由，說明為何某個特定做法可能不是收集證據的最佳方式。這樣的辯論環繞著兩個關鍵議題：**有效性**——提議的方法實際上有測量到應該測量的東西嗎？——**還有可靠性**——我們可以信賴這個方法，在我們每次使用的時候，都會產生相同結果嗎？

在亞當的例子裡，把人標籤為男性或女性，大概就跟測量本身一樣直截了當。在絕大多數的狀況下，被分類的人、研究者與閱讀研究結果的人，可能都會認為這個男性－女性分類相對來說沒什麼問題。不過，事情可能很快就變得更棘手得多。

假設瓊斯和史密斯在一場選舉中是競爭對手，而你是想要看出哪個候選人超前、以便預測選舉可能有什麼結果的民調專家。聽起來很簡單，對吧？可是對於衡量一次選舉的公眾意見來說，最佳方法為何，會有各式各樣的問題。你應該調查的對象是誰？你可以去一間購物商場，問你遇到的人他們偏愛哪位候選人——不過並不是所有人都會去那間購物商場，而且有些人可能在那裡消磨的時間比別人多上許多（因此更有可能撞見你）。要得到比較精確的結果，你需要某種人口的**代表性樣本**（representative sample）——在這個例子裡，是住在選區裡的人。比起手刀跑去購物中心一趟，取得這樣的樣本很可能更耗時也更昂貴，但假定你克服了這些問題，找到一批具有合理代表性的群眾樣本來訪問。這很重要，因為你會希望能夠做普遍推論——論證說你訪談過的相對少數人表現出的態度，就反映了整體投票人口的態度。

就算有了代表性樣本，還是會有測量方面的問題。你可能應該忽略你樣本裡沒有投票資格的人做出的反應，沒有投票資格或許是因為他們未成年，或者不是公民。此外，你可能應該忽略或許有投票資格、卻沒去做選民登記的回應者。認真的民調人員會更進一步：藉著詢問回應者是否計畫去投票、上次選舉是否投了票、還有他們是否知道自己的投票所在哪，設法決定誰有可能去投票。按照你報導調查結果時決定包含哪些回應者而定，瓊斯和史密斯的支持比例可能會上升或下降。噢，你還需要決定怎麼處理自稱尚未決定的人，或者拒絕回應的那些人——他們認為他們的偏好干你屁事。

所有研究人員都會面對這樣的問題。每個測量都牽涉到同時決定應該被測量的是什麼（某個班的男性與女性數量；瓊斯和史密斯的支持率比較），還有怎麼樣做那個測量（清點實際物體，或者檢查班級點名簿；選擇哪些回應者應該被包括在調查裡）。這些選擇可能影響研究發現，這表示詆毀者可能加以質疑批評。你選擇的方法免不了引起其他問題，好比說如果在你做觀察的那天，學生們缺席了，你要怎麼辦，或者如何調整最近幾次選舉沒投票的回應者的比重。這意謂著做更多選擇，還有更多可能的批評。

在這裡回憶批判思考的基本原則正好：要對你自己的推論、你自己的選擇做批判思考，是最困難的。這就是為什麼社會學學生需要上方法論課程（其中討論了不同測量技術的優勢與劣勢），還有統計學（焦點在於評估測量結果的程序）。這些課程基本上提供了指南，讓人做出更好的測量選擇，這些選擇應該會導向更有效、更可靠而且可以普遍化的結果。它們強調了理解個人選擇如何能夠影響結果有多重要，還有研究者與研究報告讀者雙方都需要對選擇的測量方式做批判思考。

方法論課程也教導研究人員，他們有義務描述那些選擇，以此做為研究報告中的一部分，好讓讀者們可以評量研究人員是否已使用看似產出精確結果的方式來做測量。舉例來說，就連關於民調的報告，都有可能給出類似這樣的基本資訊：民調進行的日子、包括哪些回應者（已登記選民？可能投票者？）、樣本中的回應人數，或許還有提問的措辭。這樣的資訊可以幫助讀者，判斷他們應該對一項民調的結果有多少信心。

被測量是什麼意思？

所有測量都牽涉到妥協。每個研究計畫都耗費時間與金錢，對於一個研究者的選擇造成了實際的限制。不過，還有其他種類的妥協在困擾研究人員。挑一個可能會被研究的主題——就以犯罪為例吧。我們全都習於聽人講到犯罪率提高或下降。但我們如何測量犯罪？答案可能看似很明顯：FBI不是在他們的統一犯罪報告（Uniform Crime Reports）計畫裡發表了犯罪率資料嗎？但這樣的統計數字仍然很難說臻於完美[1]。FBI收集到的這些資料，是來自地方執法單位，他們提出「警方所知的犯罪」報告。換句話說，如果一項犯罪發生了卻沒人報警，就意謂著地方警力從來不知道，他們就不可能回報給FBI，所以就不可能包含在犯罪率裡。許許多多犯罪因此沒有留下紀錄。而且還有很多其他問題，像是地方警察局沒有回報他們注意到的某些犯罪。為什麼？因為藏匿不報可以塑造他們轄區犯罪率比實際上低的印象，讓警局比較有面子。然後，並不是所有轄區都把報告繳交給FBI，犯罪率也不包含所有的犯罪——還有很多其他問題。換句話說，FBI發表的犯罪率，是非常不完美的測量值。

這些問題導致聯邦政府設法要用第二種方式測量犯罪。全國犯罪受害者調查（The National Crime Victimization Survey，簡稱NCVS）是由司法統計局（Bureau of Justice Statistics）進行的。這個調查抽樣大量的人，問他們最近是否成了犯罪受害者，還有他們是否報警了。回報說自己曾經受害的人常說他們沒有報警，所以

NCVS的受害者比率比FBI的犯罪率來得高[2]。但話說回來，收集到的訊息中也有些空白：NCVS只問到幾種類型的犯罪；回應者可能就是不承認受害；而且NCVS當然沒辦法問受訪者是不是被謀殺了。

但許多研究者仍然選擇使用FBI或者NCVS的資料。這些資料可能不完美，但容易取得，而且犯罪學家了解這些資料的極限。再者，很難想像研究人員能怎麼更精確地衡量犯罪。妥協是免不了的：可得的資料可能算不上絕佳，卻是我們能得到最好的了。

這個問題非常普遍。通常社會學家對於像是犯罪這樣的抽象概念很有興趣，卻沒有辦法直接加以衡量。舉例來說，想想以「對犯罪的恐懼」為主題的研究。每個人都不時體驗到恐懼，而且毫無疑問，每個人都擔心犯罪。要不了幾步，就可以論證說大多數人都相當擔憂犯罪，並且標明這就是「對犯罪的恐懼」[3]。但我們能加以測量嗎？某些犯罪學家提出的解決方案，是進行調查。許多早期研究，是奠基於對以下問題的回答：「在這附近——在方圓一哩內——有任何區域是你會害怕在晚上走過的嗎？」請注意這個問題甚至沒包含犯罪一詞；分析家就只是假定，對這個問題的肯定回應，意謂著回應者可以說是體驗到對犯罪的恐懼。我們對這樣間接的測量，應該有多少信心呢？

質疑測量方式

正因為測量是不完美的，在社會學家提出的問題之中，批評家總是有可能加以質疑[4]。除了純粹注意到資料裡的缺陷以外，這些批評通常還論證說，研究者的測量方法選擇以某種方式歪曲了調查發現。

全國普查提供了一個良好的例子。理論上，普查應該會統計到每一個人，而美國人口普查局很努力設法產出一個完整精確的計數。然而在實際執行上，普查總是沒統計到某些人，而這些沒被統計到的人通常跟那些被統計到的人很不一樣。尤其是那些沒被統計到的人通常比較窮，又是少數族裔的成員。既然普查結果會被用來決定的事情，不只是每個州的眾議院席次，還有分配給各州用於各種聯邦計畫的金額，少計會產生實際的後果：有很多人口沒被算進去的州，接收到的權力跟金錢，就是比普查實際統計到每個人的狀況下來得少。對於普查的抱怨，並不僅在於這樣沒能達到精確計入每個人的理想，而是少計對某些人有利，同時卻不利於其他人。

同樣的問題在荼毒社會學家的測量選擇。這種扭曲不需要是刻意的；有可能是沒有被發現，或者被低估了。這些問題也沒有簡單的解決方式。不過處理這個議題的關鍵之一，在於批判思考與透明性。研究人員必須仔細地思索他們所做的選擇，還有這些選擇的可能影響。他們需要解釋他們的決策過程，包括背後的原理。而他們需要把這個訊息，提供給能夠評估這些選擇的其他人——同儕審查員與期刊編輯。

在此也是一樣，社會學的社會組織會影響這個過程。因為社會學研究者傾向屬於特定陣營，他們的研究通常出現在這些陣營的集散地，這些地方有同一陣營的編輯與同儕審查員監督，這表示這部作品會由同情研究人員基本觀點的人來裁判。因此尤其重要的是，牽涉到這個過程的每個人都願意對他們評估的研究做批判思考。在我們進展到測量之後的部分時，這些考量還會繼續下去。

批判思考重點整理

- 社會學家的特殊資格僅限於處理人類相互影響的社會學問題上。
- 經驗性問題可以透過收集與評估證據來加以回答。
- 所有研究人員都要選擇他們收集證據時使用的測量方法，而這些選擇可能影響他們的發現。

CHAPTER

10

變數與比較
Variables and Comparison

因為社會學家是設法分析自身所屬社會的局內人，他們必須付出努力，來讓自己保持距離，退後一步看待他們視為理所當然的文化與社會結構。比較社會生活的各個層面，成為達成那種距離的關鍵工具，容許他們發現並且展示發生了什麼事。比較因此處於社會學推論的核心。

這樣的比較可能採取多種形式。最基本的是，社會學家比較各種範疇的人——男性與女性、年輕人與老年人、富人與窮人，或者不同族裔的人。他們可能也比較各種社會安排，像是家庭結構、公共機構或宗教。某些人把焦點放在場所，比較不同社區、城市甚至國家的社會生活，或者把焦點放在時間上，從人在一天的不同時間如何行為舉止、到追蹤跨世紀的社會變遷，都加以檢視。理解這種比較的邏輯，首先需要考量變數的本質。

變數

一個變數是能夠擁有超過一種值（value）的任何東西。那些值是由分析家所選擇的：因此「高度」這個變數，可以被分成兩種值——高和矮——或者區分成許多值，以吋或公分做為高度測量單位。因果論證牽涉到至少兩個變數：原因被稱為**獨立變數／自變數**（independent variable），因為它的值獨立於結果的值之外。自變數指的是經過改變以後會帶來結果的東西。那個結果則因此被稱為**應變數**（dependent variable），因為它的值取決於原因的值；自變數則是被測量的東西。舉例來說，電燈的開關是往上還是往下的位置（原因），並不會受到燈泡是否在亮（結果）的影響——它獨立於這個結果之外。然而燈泡是否會亮，確實仰賴開關有沒有開。

拿個簡單的論證來說：學生愈努力讀書，他們得到的成績愈高；在此，學生讀多少書是自變數，他們得到的成績是應變數。假設我們決定測試這件事情，方法是比較（a）讀書超過一小時的學生與（b）讀書不到一小時的學生，在一個滿分二十分的拼字測驗裡得到的成績。表一顯示出我們可能會有的發現。我們立刻就可以看到自變數的不同值——在這個例子裡，是較多或較少的讀書時間——導向不同的結果。

如果我們設法理解什麼導致某個應變數——比方說犯罪——我們可以比較各式各樣的自變數；舉例來說，男性犯下的罪行比女性更多嗎？定期出席宗教禮拜儀式的人，犯下的罪行比不這麼做的人少嗎？城市居民比住在郊區的人更有可能犯罪嗎？在白天還是晚上犯下的罪行比較多？在每個例子裡，比較都是介於自變數的不同值之間——性別、宗教活動出席率、社

表一　按照讀書時間分組的學生，拼字測驗平均分數

讀書超過一小時	讀書少於一小時
17.9	14.4

區種類、時段。

然而，還有第三種變數：**中介變數**（intervening variable）。中介變數會改變原因對結果的影響。假設某人取用了我們對測驗分數的研究結果，然後決定檢驗在讀書時聽音樂會如何影響自變數（讀書時間）跟應變數（測驗分數）之間的關係。表二顯示出我們的發現。這個新的研究透過比較四組學生來控制聽音樂——中介變數——的變動：（1）讀書超過一小時，不聽音樂；（2）讀書超過一小時，同時聽音樂；（3）讀書少於一小時，不聽音樂；（4）讀書少於一小時，同時聽音樂。在這個例子裡，自變數與中介變數都被拿來做比較。在此我們發現，花更多時間讀書改善了學生們的拼字測驗成績，不過無論花多少時間讀書，邊念書邊聽音樂都

表二　按照讀書時間、還有讀書時是否聽音樂分組的學生，拼字測驗的平均分數

	讀書時間	
聽音樂	超過一小時	少於一小時
否	18.3	15.6
是	16.2	12.8

導致稍微低一點的分數。

比較的議題

一言以蔽之，社會學家做比較。他們的許多比較，都在探索人類熟悉範疇內的生活。這讓人很容易含糊帶過做出有用比較時會牽涉到的複雜性。讓我們來看看兩個根本議題。

第一組議題是方法論上的。請回想第八章對於測量方法的討論。為了比較不同範疇的人，我們需要能夠定義我們把人置入不同範疇的判準。結果這樣可能比表面上看起來還棘手。舉例來說，儘管研究人員長期以來假定，有可能要求人們把自己分類成不是男性就是女性——這些範疇一直都符合絕大多數人對自己的看法——我們卻逐漸發現，有問卷請大家從一大排選項裡選擇他們的性別。而且理所當然，社會學家應用的大多數變數，牽涉到的測量方法遠遠沒有性別那樣清楚明白。就拿社會階級來說吧。這指涉到的是收入嗎（人賺的錢）？或者其實是關於財富呢（人擁有的物品價值）？或者是關乎職業（記得嗎，某些農夫和某些律師賺很多錢，即便在其他農夫和律師賺得相對微薄的時候）？或者是關乎一個人接受了多少教育？這每一個問題的答案——可能讓人很不滿意——就是「嗯，是啦，某種程度上算是……」大多數社會學家承認階級是多面向的，很多人似乎跨在社會階級邊界上，舉例來說，教育程度高但收入相對來說卻較低。無論這樣的異例可能多有趣，在社會學家嘗試進行實際研究的時候，他們通常無暇費心去解析研究中每個人的階級。他們反而傾向於用某些簡單、迅速而粗糙的測量方法——像是家庭所得，或者父母的教育成就——來為人們做階級劃分。

換句話說，對人進行分類免不了會有缺憾，而且受到質疑。這導致第二組議題，這些議題是跟理論有關的——支撐方法論的推論。在典型狀況下，一份社會學研究報告的開場段落，會證明一個特定的比較是合理的，論證說它回答了社會學理論提出的某個問題，或者至少對回答問題有貢獻。實際上，作者主張這個計畫值得讀者注意，因為這個比較能夠幫助我們得知我們可能想知道的某件事。一位讀者總是有權問作者：「那又怎樣？」應付這種挑戰的方法之一，是這樣解釋：

這則研究提出了一個有理論趣味性的問題。

比較性發現的種種變化

想像一個有四個格子的表格，把研究人員的預期分成兩組（一組預測這個比較會揭露出一種差異，另一組則預測不會顯示有任何差異），然後依據研究發現，來區分每一個結果——顯示有差異的那些，跟顯示沒有差異的那些（見表三）。這張表裡的四個格子代表研究結果。在標示為A的格子裡，研究人員預測某種比較會揭露出某種差異，而那種差異被發現了。對研究者來說，這是理想的情況；社會學期刊裡充滿了這樣的文章，作者發展理論，衍生出可以透過某種比較來測試的假說，然後報告顯示的結果跟假說一致。這種結果似乎很有鼓

表三　研究人員的期待與可能的結果

	研究人員的假說	
實際發現	預期中的差異	沒有差異
發現差異	A	D
沒有發現差異	B	C

勵效果，因為這樣指出作者們的理論可能是正確的，而且這個理論很值得再進一步探究。

B格理應很重要。這些例子裡，社會學家預測會出現差異，然而結果卻沒有展現出任何差異。這指出社會學家的推論可能不正確，世界並不是照著研究者以為的方式運作的，或者可能是假說背後的理論有誤。原則上，像這樣的負面結果很重要，因為這些結果揭露了一個理論沒能正確做出預測。然而，通常對分析者來說很重要的是，他們相信自己的推論是健全的，而且他們可能很不願意只因為這個研究不支持理論的預測，就拋棄他們的理論。他們反而可能會偏愛其他或許成立的詮釋。或許社會學家沒有把研究設計好，使其無法恰當地測試這個理論的預測。或許更好的分析技巧，像是一個比較細膩成熟的統計測試，就會導致跟理論預測較為一致的結果。或許理論大致上是正確的，卻需要經過修正，才能涵蓋研究的結果。換句話說，在面對一個沒得到證實的預測時，我們傾向於先假定理論本身沒問題。

在實用上，B類負面結果很難發表。一位期刊編輯會很樂意接受肯定了理論假說的A類研究，然而負面結果通常不會被當成是理論有錯，而是要怪研究者，批評家懷疑，最有可能是他們做錯了什麼。當然，如果好幾個研究者都得到負面結果，可能會有愈來愈多人支持理論本身有某種缺陷。但從短期來看，有種慣性支持把理論看成是可行的，直到有實質證據指出並非如此為止。

期刊編輯不願意發表負面結果，有些真正實際的後果。假定學界已經做了十項不同的研究，以確定一種藥廠新藥是否比現行療法更有效，而在十項研究之中，有九項結果是新藥效果沒比較好。這些B類研究可能不會被發表（尤其在研究經費是由開發這種藥物的藥廠所資助時，藥廠沒多少興趣報告這種令人失望的結果）[1]。與此同時，唯一一個指出新藥有效的A類研究找到門路出版了，因此變成對於此事的唯一公開言論。所以，這就變成搜尋該主題科學文獻的人唯一會發現的東西：新藥的優越性得到支持。

這張表右邊的格子舉出稍有不同的議題。其一是，預測在一項比較中將不會揭露出任何不同，是比較少見（而且不太有意思）的做法。C類模式不太常見，因為通常較難論證說，預測一項不會展現出任何差異的比較有其意義。然而社會學家有時候會用這樣的論證，來挑戰常有人主張、卻有潛在錯誤的看法。舉例來說，想像有個廣為流傳的刻板印象，說某個族裔團體比另一個團體更可能出現青少年犯罪。一個社會學家可能會論證說，族裔與青少年犯罪之間的表面關聯可能是假的，事實上是社會階級上的不同，影響到變成少年犯的可能性；然後繼續預測，如果我們控制社會階級因素，青少年犯罪與族裔之間的表面相關性就會消失。接著，社會學家就可能預測不會出現任何差異——兩個族裔團體裡，生活比較優渥的成員之中青少年犯罪率都一樣低，同時手頭比較不寬裕的成員中青少年犯罪率都一樣高。在這樣的例子裡，找不到跨族裔的差異，只有不同社會階級之間的差異，可能很有意思——而且跟社會學家的預測一致，在這種情況下，事實會證明編輯能夠接受刊登這種研究。

第四個格子比較複雜一點點。在這些例子裡，本來的預期是不會出現差異，然而卻發現了一項差異。在前面我提過，不會出現差異的預測，通常是用來挑戰傳統思維。然而與研究者的無差異預測矛盾的D類結果，會引來類似對B類結果的反應：它們可能會被認為有缺陷，不具決定性。

如同我在前面觀察到的，研究人員——還有評論他們作品的人——有種傾向，對於理論推論的投入程度，更勝於他們的實際研究結果。一個理論提供了一個架構、一種理解多種觀察的工具。出於人之常情，研究者不情願把一個受到重視的理論，連同令人失望的研究結果一起扔掉。不僅如此，理論觀點還形成了社會學內重要知識陣營的基礎。在面臨研究結果沒能肯定理論預測時，許多陣營成員很有可能找個解釋屏棄令人困擾的發現，以便保住理論。

複製

我們傾向於把做研究想成是一次到位的決定性發現：某個人設計了一個產生戲劇化結果的關鍵性實驗。關於科學突破的媒體報導助長了這種印象。

在實際操作上，科學發展的速度較為緩慢。懷疑論者可能挑戰一項發現，並且堅持要複製這項研究。複製的基本觀念是，重複相同步驟應該產出相同結果——舉例來說，每次我們混合等量的兩種清澈液態化學物質，化合物都會變成藍色。假如結果不一樣，我們就知道一定有別的事情發生了，而我們必須搞清楚可能是什麼。我們可能要花些時間，才能對此做徹底的研究，這就是為什麼在新聞媒體宣布有個戲劇性的科學突破時，我們應該抱持懷疑態度。直到有個結果被可信地複製出來以前，任何單一發現都應該被看成是暫時性的。研究報告需要被檢驗、評估，在理想狀況下還要被複製。

實際上，要複製社會科學研究是很困難的。舉個熟悉的例子，在選舉民調產生不同結果時，評論者表達挫折並不罕見。他們問道，怎麼可能在一項民調裡顯示候選人瓊斯領先，在第二個民調裡卻顯示候選人史密斯領先？我們已經從第八章對測量方法的討論裡知道，有很多理由說明這種事為何可能發生。舉例來說，不同的民調可能問的是不同類型的人：一個民調可能包含了所有成人的回答，包括那些沒有登記投票的人；第二個民調可能只把登記選民的反應算進去；第三個可能只包括被民調人員定義為可能投票者的人（也就是自稱他們可能投票、或者通常會在選舉中投票的人）。或者，民調人員可能用不同的措辭提出他們的問題，或者在不同日子進行他們的民調。而且當然了，所有民調都是取樣；雖然它們是設計來精確代表較大的選民群體，統計理論卻告訴我們，必須預期樣本中的結果會有某些變化。這一切都意謂著社會科學中的複製結果，比較不像化學物質的某種結合每次都會變藍那樣清楚明白。

更有甚者，社會學研究問出的問題，鮮少像「哪個候選人會在接下來的選舉裡領先」那樣直截了當。通常可以想像的是，各種中介變數可能影響一位社會學家所做的比較，而批評家可能指出，關鍵性的中介變數——或許會對結果有劇烈影響的那些——先前被忽略了。

質性研究中的比較

到目前為止，我們已經考慮過相當傳統的社會科學推論類型，通常與量化分析相關（假說、自變數與中介變數等等）。那質性研究呢？

假設奧斯丁花了兩年時間觀察醫院急診室的工作人員如何處理那些發生車禍的人。為什麼要這麼做？或許他感興趣的是比較急診室工作（在此地，緊急、高壓、高風險的決定是常態）與日常的工作。或者，他聚焦在這項工作如何從平日白天班（這時有很多其他診療室開著）轉換到週末夜班（這時有更多有醫療問題的人會出現在急診室裡）——也就是說，他在比較急診室工作人員不同班次的差異。或者，他感興趣的也可能是大城市急診室與鄉村社區急診室的差異。

還有許多其他的可能性，不過不管奧斯丁選擇哪一個，他都可能會做出外顯或隱含的比較。任何考慮閱讀奧斯丁著作的人，肯定會問：「為什麼我要花大把時間來讀別人在某間急診室裡工作的事情？」畢竟奧斯汀可以決定觀察的場域有無數個，那麼為何要選擇這一個？雖然乍看可能不明顯，這些問題的答案總是牽涉到比較性的思考。比起做量化研究的社會學家，質性研究者開始他們的研究時，對於他們打算做什麼通常沒那麼清楚的意識。畢竟，量化研究的第一步是先定義探究者打算揭露的那些關係。相形之下，質性研究可能牽涉到探索與發現；質性研究者在描述自身的方法學時，通常承認他們起初並不太確定自己的焦點會是什麼，不過一旦他們開始觀察，他們就會發現自己在想，這個場域裡的某些面向還滿有趣的。那就是關鍵步驟：確認某樣東西似乎在你看來很有意思，然後搞清楚為什麼對其他人來說，應該也很有意思。

對於質性研究者來說，在有很多例子的時候，比較是最有力的。很多質性研究涉及單一研究者，觀察某個場景或者訪談別人。對於這類工作，有個明顯的批評是：那個場景或者那些人可能並不典型。一種反駁方式是展示某個特定行為或者某種情況反覆出現：「我曾多次目睹人們做Y」或者「有好幾個跟我交談的人都講到Z」。

同樣也有幫助的做法是，在看來類似的觀察或訪談裡找出模式。舉例來說，想像一下，每當研究者在某種情況下看到某個特定類型的人（稱為X型）的時候，受試者的行為方式都很類似，而在這種情況下看到的其他類型的人則有不同的行為表現。這個研究者可能懷疑這個行為跟X型人有關聯。

或者說，我們的研究人員可能在某個範圍內看似不同的觀察或訪談中，尋找相同之處。如果在各式各樣大異其趣的情況下，X型人都被觀察到以某種獨特方式行為舉止，這也指出了那些行為是X型人的特色。其他依此類推。說到底，質性研究仰賴的就是收集規模很大的一組比較，大到足夠展現出有某種模式存在[2]。

質疑比較

在第八章，我們注意到所有研究者都會對他們測量的內容以及如何進行這些測量做出選擇。同樣地，所有研究者都會選擇他們將進行的比較，而且就像測量方法一樣，這些比較也會受到批評。

從理想上來說，比較應該具有啟發性：它們應該幫助我們識別和理解世界上的模式——花比較多時間學習的學生拿到比較好的成績；候選人史密斯的支持集中在這一群投票者中；急診室工作者用這些方式應對他們的工作壓力。有效的比較讓讀者相信社會學家的詮釋是舉足輕重的。

在比較受到批評的時候，常見的指控是研究者的選擇受到誤導。舉例來說，量化分析的批評者可能論證說，研究者沒有把某個額外的重要中介變數列入考慮。因此，菸草工業長期辯稱，雖然抽菸跟好比說癌症這樣的疾病看似有連帶關係，真正的罪魁禍首實際上可能是酒精、咖啡或者……隨你說一個。或者在當代社會學中，批評家有時候會論證說，分析者沒能考量到種族或性別可能如何影響到表面上的發現。對於量化比較的第二種、也是比較技術性的一種批評是，分析者應該選擇一種不同的方法論設計，或者一種更成熟細膩的統計測試。

質性研究的批評家也會論證說，適當的比較被忽略了。他們也可能會論證，被選來觀察的場域或者被選來訪談的人，在某方面是不符合典型的，或者研究人員誤解了所見所述。質性研究特別容易受到對證據方面的批評，因為這種研究通常不可能複製；任何複製都免不了要處理在不同時間點的不同研究受試者。就算有可能接觸相同的受試者，那些人想必都不同以往了，就算只是因為他們已經有過被研究的經驗。

所有研究都根植於比較的觀念，而所有比較都反映了選擇，這表示所有比較都可以被批評。這是無法迴避的：研究人員只能解釋他們的選擇，並且指向他們的證據。

批判思考重點整理

- 因果論證牽涉到比較自變數與中介變數的值。

- 研究發現是否符合研究者的期待，會影響對這些發現的反應。
- 複製研究在社會科學中很困難。
- 所有比較都反映出可以被質疑的選擇。

CHAPTER 11 傾向 Tendencies

前一章從社會學家比較不同範疇的人做出的觀察開始，接著檢視比較的邏輯。這一章會考量的是，理解從人的不同範疇之內與之間浮現的模式，是什麼意思。社會學思維比較屬於各種範疇的人：男性與女性、白人與黑人、年輕人與老人、加州人與德州人、生活在十九世紀跟生活在二十一世紀的人——種種可能性無窮無盡。

模式化的傾向

在社會學家回報他們的比較發現時，他們幾乎總是從傾向性的角度來加以描述：比起B群體的人，A群體的人傾向於更有可能（或者更不可能）以某種方式行動或者思考。

重要的是去體會這是什麼意思。物理科學家有時候能夠描述永遠為真的事情：氧原子有八個質子；或者每當我們混合這兩種清澈液體，結果就會是藍色的。但就連他們都常會發現自己在談論傾向性。所以說，我們全都知道有大量證據指出吸菸導致肺癌。但這仍然是一種傾向：這並不表示每個吸菸者都會得這種病；事實上，只有少數吸菸者發展出肺癌。儘管如此，吸菸者比非吸菸者更有可能發展出肺癌，而絕大多數確實生這種病的人現在或過去是吸菸者。這就是為什麼，如果我們得知露西有肺癌，我們的第一個問題通常是：「她吸菸嗎？」但當然了，有時候答案是不，她不抽；畢竟某些非吸菸者也會生這種病。指出吸菸者發展出肺癌的傾向，意思既不是所有吸菸者都會罹患此病，也不是說每個得病的人都會吸菸。

要理解傾向性，我們需要做機率式的思考。在此，經典的例子包括擲銅板、擲骰子、或者抽牌的機率遊戲。這些遊戲很容易理解：如果你擲一個均質的銅板，有一半的機率它會出現人頭；擲兩個銅板，就會有四分之一的機率兩個都出現人頭。這是因為第一個銅板有五成的機率落地時人頭朝上，而第二個銅板也有五成的機率會出現人頭（0.5×0.5＝0.25）。而且幾乎同樣可以確定：一顆均質的六面骰，有六分之一（16.76%）的機率會出現一點；如果你擲兩顆骰子，兩顆都出現一點的機率是百分之二・七八（0.1667×0.1667＝0.0278），或者每三十六次有一次。這些是有清楚界線的例子；骰子的整體重點，就在於每次擲的時候都會產生隨機結果，然而我們知道，如果我們投擲夠多次，就會產生清楚的模式。因此平均而言，兩顆骰子每擲三十六次，我們就應該會有一次得到的總和為二，同時我們可以預期，在全部次數裡有六次的總和為七（1+6，2+5，3+4）。

雖然有可能把機率思考應用在人類的生活模式上，我們知道社會生活並不是這樣界線清楚的。保險提供了一個相對清楚的例子。保險公司僱用精算師，這些人計算壞事發生的機率——像是車禍、火災或死亡——然後根據這些機率設定費率。大多數駕駛人在下一年不會發生昂貴的車禍，但某些人會，而保險公司願意跟你打賭：你付保費，他們承諾要是你出了個所費不貲的車禍，他們會買單。精算師知道某些駕駛人，像是還不太老又有經驗的駕駛人、或者沒接到很多罰單的人，比較不可能碰上車禍，所以保險公司可以對這些低風險駕駛人收取較低的保費。在美國有兩億個駕駛人，所以精算師有很多資料可以做為工作依據。他們不可能精確知道**哪些**駕駛今年會發生車禍，不過他們聽說薩維耶今年沒出車禍、或者汪達出了車禍，都不會很驚訝。重點是，他們對於整體模式——車禍的總數會是多少——相當有概念，讓他們能夠計算恰當的保費。這差不多就像一間賭場知道賭骰子不同結果的機率，然後設定了一個報酬結構，確保長期來說會有收益——只是精算師計算的機率，並不像那些賭運氣的遊戲那樣精確。

實際上，在社會學家做研究並指出模式（例如說，這個範疇的人比其他範疇的人更有可能做X）的時候，他們產出的是提供賭場與精算師計算基礎的極初步資料。請注意，精算師可以從多種來源中汲取他們的資料——像是警方的交通事故報告，還有前一年的保險索賠紀錄——用以預測下一年會有多少車禍。社會學家通常依據更少得多的資料工作——通常就只有他們要自己收集的東西——所以他們做的任何估計，都可能比精算師的預測更粗疏得多。

不過，就如同精算師用他們的資料來預測交通事故的數量，接著又以此做為計算合理保費的基礎，社會學家也運用他們的發現，對社會生活中的模式做普遍歸納。當然，他們無法很有信心地精確預測莎拉會怎麼行動，但他們可以根據莎拉所屬範疇中的人會做的行為，描述出一個模式。

這就是為什麼社會學家對於根據道聽途說來貶低他們研究發現的人，會變得很不耐煩。假設有位社會學家的研究顯示，年紀較大的人傾向於有保守的政治信念。保羅回應道：「這不是真的——我阿嬤跟阿公就很自由派。」如果我們的社會學家曾經說所有年紀較大的人都是保守派，這番批評可能就滿有力的。在那種狀況下，哪怕只發現一個矛盾的例子，都足以挑戰這個主張。不過在確認年紀較大者有保守派傾向時，社會學家承認，在年長的人之間也會有些自由派。發現某個特定的年長者是自由派，並沒有摧毀社會學家的論證，就像薩維耶沒出車禍，也沒有讓精算師對相撞總數的預測變得不足採信。

在社會學家嘗試強化他們的發現時，他們通常——如同前一章所討論的——會尋找中介變數的影響。我們的社會學家可能會查核，去看看社會階級是否造成年長者的政治信念差異——然後發現的確如此，社會階級較高的年長人士，比社會階級較低的年長者更可能是保守派，還有其他諸如此類的發現。也就是說，社會學家或許有可能對被決定的模式做更具體的限定，但他們仍然會從傾向性的角度來表達這些發現。

區位謬誤

在社會學家所謂的**區位謬誤**（ecological fallacy）裡，人會以一種更加複雜的形式混淆範疇與傾向[1]。這裡的基本想法是，社會學家比較的範疇，是由有各種行為表現方式的個人所組成的。在社會學家回報一個來自某範疇的測量內容時，這些測量內容所描述的種種傾向，不會完全符合該範疇中的所有人。假定某個範疇裡會出現的傾向，就是在描述該範疇之內的個人，會是個錯誤。舉例來說，你可以上網找到按照各州人口中的大學畢業生百分比所做出的州排名[2]。這些資料來自美國社群調查（American Community Survey，一個由美國普查局進行的極大規模調查），調查中詢問受訪者的教育成就。二〇一七年，在麻薩諸塞州完成至少一個四年制大學學位的成人比例最高（百分之四十三．四），同時西維吉尼亞州的比例則最低（百分之二十．二）。在這個例子裡，這種比較是在兩個範疇（州）的百分比（大學畢業生）之間。

區位謬誤牽涉到下面這種推論：

在西維吉尼亞州相對來說較少人擁有大學學位。
傑克住在西維吉尼亞。
所以，傑克沒念完大學。

問題是，這個推論假定對於某個範疇的測量值，能被用來決定該範疇中個別成員的某項特徵。用這種方式來表達，問題是很明顯的：傑克可能有、也可能沒有完成大學學業；只因為他住在一個大學畢業生相對較少的州，無法讓我們做出他沒上完大學的結論。

請注意這不同於下列說法：

西維吉尼亞大學社會學系教學人員的每一位都有大學學位。
吉兒是西維吉尼亞大學社會學系的教學人員之一。
所以，吉兒有完成大學學業。

在某個範疇的所有成員都共享某個特徵的情況下，我們可以篤定地做出結論：那個範疇裡的個別成員都擁有那項特徵。然而社會學家鮮少處理這種絕對狀態——在一個範疇裡每個人（或者沒有人）擁有某種特徵的例子。實際上，社會學家處理的是傾向性。

區位謬誤的某一種版本，在社會學家從平均值的角度來報告一個範疇的傾向時也會出現。我們就說（1）某社區的平均家庭所得是六萬美元，而且（2）提姆住在那個社區。知道這兩個事實，無法讓我們對提姆家的所得做出任何結論——可能比較高、比較低、或者剛好跟平均相同。

雖然這些例子可能乍看很明顯，但當人在檢視某些範疇之內的兩種傾向模式時，更容易落入區位謬誤。請回憶一下，二〇一七年，麻州的大學畢業生百分比最高，西維吉尼亞州的百分比最低。現在假設我們檢視另一個變數——比如說，仇恨犯罪通報。在二〇一七年，麻州通報有四百二十七件仇恨犯罪，西維吉尼亞州則通報有三十一件[3]。因為仇恨犯罪的統計數字是出了名的不精確，FBI並沒有以這些報告為基礎來計算犯罪率——但如果他們有這麼做，會得出麻州每十萬人有六．四件，相較之下西維吉尼亞州只有一．九件。所以我們可以看出麻州既有較多的大學畢業生，也有較多被通報的仇恨犯罪，同時西維吉尼亞州兩樣都比較少。

區位謬誤會在哪裡出現？想像一下，某人看著我們的資料然後說道：「哇——愈多大學畢業生，愈多仇恨犯罪。大學畢業生肯定是那些犯下仇恨犯罪的人。」換句話說，我們再度用關於某些範疇的資料（大學畢業生百分比、通報的仇恨犯罪數量），來做出關於那些範疇中個體的結論（那些仇恨犯罪一定是大學畢業生犯下的）。

很容易看出為什麼這是個錯誤的結論。仇恨犯罪法律的執行程度，在不同的州與不同轄區有巨大的差異。不同的州對仇恨犯罪有不同定義，而各個執法單位有多強力執行這些條文，程度各異。舉例來說，在二〇一七年，有七個州——阿拉巴馬、阿拉斯加、阿肯薩斯、密西西比、內華達、新墨西哥與懷厄明州——通報的仇恨犯罪都少於十件。普遍來說，更自由派的州傾向於有更廣泛的仇恨犯罪法律，而在比較自由派的轄區裡，檢察官通常更願意用仇恨犯罪來控告個人。麻州既有高教育程度的人口，又有自由派的政府；該州的仇恨犯罪高通報率，可能透露得比較多的是在該州的政治氣氛下，仇恨犯罪法律會被執行，而不是該州的實際仇恨犯罪率。

區位謬誤可能很有誘惑性，尤其是在它的推論看似支持分析者本來就傾向於相信的某個結論時。乍看之下，這套邏輯似乎很合理，而且有些名聲卓著的早期

（也就是說在二戰前的）社會學家在這個問題廣為人知以前，就落入這種錯誤之中。每當我們設法用關於某些範疇的資料來解釋個體行為的時候，這仍然是要小心的事情。

社會學解釋的限度

在典型狀況下，社會學家指認出來的傾向並不是特別強有力——他們研究的變數，可能鮮少被當成就是某個結果的起因。舉例來說，我們知道跟父母同住在一個屋簷下、度過童年與青少年時期的人，比起在其他種類家庭裡成長的人更有可能完成大學學業，是一種傾向。但這會有很多例外：在雙親俱全家庭中成長卻輟學的人；在單親家庭成長、在學校表現優異的人；還有其他諸如此類的狀況。

通常社會學家用統計資料，來展現他們指認出的傾向性有多大力量。例如，他們可能提供經過解釋的變化測量值——基本上就是：只要知道研究所指出的傾向性，就能解釋結果差異的比例有多高。舉例來說，在只知道家庭的種類傾向於影響教育成就的狀況下，個人完成大學學業的機率有多少百分比可以用這一點來解釋？這裡也一樣，擁有可以報告為統計上顯著的結果，並不必然表示這些被報告出來的傾向性，對過這種生活的人來說特別醒目可見。社會學家的結果只解釋了這種變化的百分之十，這種狀況並不算少見。

這裡的危險性，在於研究者可能誇大了他們的發現重要性——在這個例子裡，就是隨口宣布他們已經確立了家庭狀況是教育成功的原因。這樣大膽的語言模糊了事實：再強調一次，社會學家描述的是傾向性。

思考傾向性

從傾向性或者機率的角度來思考，同時是很強有力也很讓人挫折的推論方式。這種思路的力量，來自於有能力分辨並描述乍看可能不明顯的歷程——像是領悟到就算某些吸菸者並沒有病倒，吸菸實質上還是增加了健康風險。但領悟到社會學家鮮少能夠說某件事**就是**某個結果的原因，會帶來挫折感。這就是為什麼探究中介變數的影響，對於社會學推論來說有如此核心的重要性。

批判思考重點整理

- 社會學家在比較不同範疇的人時，辨識出傾向性。
- 知道某範疇裡的一種傾向性，並不足以得出關於該範疇內個別成員的結論。

CHAPTER

12

證據
Evidence

研究者的選擇，影響延伸到遠超過測量方式與比較的範圍之外。一旦研究者收集並且分析過證據以後——從迅速清點一個班的男女學生人數，到評量在某急診室觀察多年的田野筆記都有可能——就必須呈現成果了。這可以是很簡單又直接的事情，大致上不脫這個路線：「朝教室裡看的時候，我數到X個男性和Y個女性學生。」然而大多數研究遠比這更複雜得多。首先，研究通常牽涉到收集比將來會報告的數量還要多的資料。民調人員知道，進行調查的大多數費用都是花在找到並接觸回應者。所以，對樣本群體只問一個問題是很昂貴的；但多問另一個問題、甚或好幾個問題（一直加到問題太多變得很煩人、讓回應者開始提早結束訪問為止），會增加的花費極少。舉例來說，大多數民調人員可能從背景特徵開始，像是回應者的性別、年齡與種族，然後他們可能會接著問其他實質性的問題，像是上次選舉時他們是否投過票，還有下次選舉時他們是否打算投票。收集任何你認為可能有用的資料是很重要的；如果你後來才想到你恨不得自己曾經問過的問題，就太遲了。

一旦你收集到所有這些結果，你就必須決定要回報哪些事。如果調查的目的，是決定可能投票者在即將來臨的選舉中偏愛候選人瓊斯還是史密斯，你當然可以只回報那個訊息。但只要有更多可以提供的訊息，你可能就會決定加以利用。假定在檢視結果以後，你領悟到女性投票者和較年輕的投票者更可能偏愛瓊斯，而史密斯在年紀較長的男性之中有比較高的支持度。你可能會覺得這值得回報。

如果研究資料採取的形式，是可能總共長達數百頁的詳盡田野筆記、或者訪談謄錄，做選擇的需求就變得更加明顯了。許多質性研究者用特殊軟體來耙梳他們的資料，並且幫助他們指出主題與模式。但在某一刻，研究者將會被迫以他／她希望提出的某個特定論證為基礎，決定哪個證據看似相關，值得寫下來。

有效證據

有效證據以其他人覺得很有說服力的方式，支持研究者的論證。在社會學中，這樣的論證通常指出人如何彼此影響的某種模式，而他們可能會把焦點放在特定議題上，像是牽涉到哪些人，或者發生了哪些結果。證據扮演的角色是說服讀者，研究者的論證是正確的。有好幾種特質讓證據有效力。

切中要點

在最佳狀況下，證據直接講到研究者的主張：「我知道——因為我數過——那個班級裡的男性跟女性人數，資料在這裡。」這對於研究者設法回答的問題來說，是個直接的答案。

不幸的是，大多數研究談的是更複雜的主題。一位研究者的問題可能有幾分抽象，像是某種特定習慣做法——警方逮捕程序、標準化測驗等等——是否有歧視性質。這可能沒有表面上看來那樣直截了當。為了決定某種習慣做法是否有歧視性，我們有必要定義歧視，並且描述這要如何測量。請回憶我們在第九章裡對測量所做的討論。有效證據應該直接處理被研究的議題，而使用的測量方法必須清楚而切中要點。

多種測量

普遍來說，更多的證據比更少來得好。因為測量方法的選擇總是能夠被質疑，如果包含顯示出一致結果的其他測量，證據會比較有說服力。調查研究者通常會在相關的主題上，提出好幾個稍有不同的問題。如果對這些問題的答案揭露出類似的模式，證據就會更有力。舉例來說，來考量一個詢問了多種環境議題的調查；如果較年輕的回應者對於不同問題的答案，顯示出的關注程度一致高於較年長者的回應，做結論說對環保的關注程度與年齡相關，並不算是不合理的。

多種案例

另一種產出更多證據的方式，是研究多種案例。這是複製研究背後的基本觀念：我們在做研究的時候發現某件有趣的事情，我們就重複這個研究，以便確定我們得到的是相同的結果。

在社會學研究裡，通常會把多個案例置入一項研究之中，當成一種比較手段。也就是說，研究人員會比較來自兩個或更多學校、城市、時期或團體的結果。當這些比較跨越相比的不同範疇，得出相同結果的時候，會強化這些發現；而在結果顯示有所不同的時候，解釋這些結果，也許能夠釐清其中的運作過程。

與理論或其他發現一致

如果證據看似支持廣泛被接受的理論、或先前的研究發現，就會被認為較強而有力。雖然如此，科學史上有各種觀念起初碰上抵抗，主要是因為它們抵觸廣泛被接受的熟悉理論；有兩個相對來說晚近的例子，是地球的各大陸一度屬於單一陸塊、然後逐漸分離的觀念，還有恐龍的絕滅原因是隕石撞擊地球。這兩種提議本來都讓許多科學家覺得很古怪，但隨著時間過去，來自不同研究的發現都證實跟新理論一致，它們在科學上就得到了尊重。換句話說，雖然跟既有理論一致的證據通常會立刻被接受，在證據似乎指向某個預期外結論的時候，隨著其他研究證實了這項概念，對新觀念的支持可能就會隨著時間而浮現。

讓人信服

有效的證據產生有說服力的強烈印象。也許這個研究看似設計成已經預期到所有明顯的批評，因此迴避了熟悉的陷阱；或許研究主題特別有趣，引起大家可能不曾想過的問題，或者研究某主題的方式看起來特別聰明；或者有可能被提出的證據極其徹底，以至於加以質疑似乎沒有意義。因為類似這些理由，某個研究產生了不成比例的巨大衝擊。

沒這麼有效的證據

然而，在跟前述各種標準相反的狀況下，證據有可能比較沒效果。

間接

有效證據切中要點，因為它直接而徹底地處理研究中的問題，然而無效證據提供的只有不完美的支持。有時候唯一能提供的證據是間接的。例如，尋求研究犯罪率如何在數百年間改變的社會史家必須面對這個問題：現代警力是在十九世紀才興起的，而現代犯罪率——就像ＦＢＩ的統一犯罪報告——是到了二十世紀才開始計算的。因此，並沒有稍早的犯罪紀錄，跟我們現在用來計算犯罪率的資料是同等級的。雖然有可能找出某些上溯到十三世紀的法庭紀錄，這些紀錄卻會引起各種其他問題：首先，有許多紀錄並沒有保存下來，但真正的大問題是大多數犯罪從來沒有導致會留下紀錄的審判。有一種解決方案，是把焦點放在謀殺案上——謀殺案通常確實會導致審判，而且會留下紀錄[1]。因此，犯罪史家到頭來（出於必要）假定，（根據不完美的紀錄計算出的）謀殺率波動，跟整體犯罪率有平行變化。

這樣的妥協通常是免不了的。用可以取得的證據，直接處理這種讓我們感興趣的問題或許是不可能的。在我們恨不得能擁有的資料就是不可能得到，卻還是設法要跟過去做出比較的時候，這一點幾乎永遠為真。不過在資料很難取得的時候，就像被研究者不願意揭露我們真的很想知道的事情時，也需要妥協。

單一測量

有多種測量值，可以讓一位研究者的論證更有說服力，但話說回來，不見得總是有多種測量值可用。或許針對某個主題的單一調查問題回應，顯示出一個預期之外的有趣結果。事後回顧，研究者可能很希望曾經對這個主題問出其他附加問題，但現在當然為時已晚。單一測量的結果可能有暗示性，但直到有進一步研究支持一項發現以前，大家可能不太願意接受。

單一案例

來自單一案例的證據，通常被認為效力沒那麼強。舉例來說，以一個社區的觀察為基礎所做的研究，免不了會引起疑問：或許這些發現只適用於那個社區，無法普遍化。研究者可能在社區內記錄多個例子以便強化論證，但比較強的支持，要仰賴其他研究者最後回報在其他地方有相似發現。證據多一點總是比少一點來得好。

與理論或方法不一致

如同前面提過的，看似只此一家、缺乏理論或其他研究支持的發現，通常要面對懷疑。到最後，這些發現可能會被證明是正確的，但只有在多上許多的支持證據浮現時才是如此。再者，當代的研究文獻量很大，每週都會出現許多新的報告。沒有人能期望跟上所有的發展。大多數人因此滿足於設法或多或少知道自己陣營裡發生什麼事，不過這表示他們常常渾然不覺其他陣營裡發生什麼事。可能與他們相關、卻出現在不同陣營期刊裡的研究，或許就無法得到應有的影響力。與此相關的是，因為引述是向潛在讀者示意的一種方式，是用來表明某論文和他們關注的事情相關，沒能引述另一陣營成員作品的研究報告，可能永遠不會得到該陣營的注意。

給人印象不深

在一個有大量新研究持續出現的世界裡，大多數研究吸引不到太多注意。沒有社會學家能夠期望跟上每一本新書，更別說是每份期刊裡刊載的每篇文章了。所以，有很多東西會半途消失。大家可能會忽略看起來走向可以預測、沒意思或者跟他們的興趣不相關的研究。一位社會學家頂多能夠設法持續追蹤的只有少數幾本期刊，然後就只能看一眼目次頁了。某一篇文章可能很輕易就被忽略掉，所以就算做得很好的研究，到頭來沒讓人留下多少印象。

質疑證據選擇

就像他們在測量與比較上的選擇，研究者處理證據時所做的選擇，也可能變成批評的目標。在大多數例子裡，我們預設研究人員會誠實回報他們發現什麼。

然而偶爾會出現醜聞，這時候會有人質疑證據，也許指控某人引用不存在的來源，或者錯誤地呈現某個來源說的話、算錯某個統計數字，或者剽竊了別人的作品。這樣的挑戰通常措辭很小心，而該作品的作者會得到回應的機會。無法自圓其說的作者，通常會發現他們的學術名聲毀滅殆盡[2]。

幸運的是，醜聞很罕見。不過質疑證據選擇，可能還是社會學中的批判思考最常見的形式。總是有可能質疑一個作者在處理證據時做的選擇。對量化研究作品的批評，通常把焦點放在證明不同的選擇——例如使用不同的統計方法，或者在分析中併入附加的變數——如何可能導致不同的詮釋。有時候批評者要求直接接觸研究資料（通常是電子檔案的形式），好讓他們可以進行自己的分析。在其他狀況下，原本的研究者自願在線上提供他們的資料，並且邀請其他人進行自己的檢視——藉此聲明他們對自己的發現很有信心。

對質性研究的批評通常也把焦點放在證據上。在大多數例子裡，複製就是不可能，就算有可能，從所需的時間與金錢來看，也是昂貴到做不得。無論如何，原本的研究者總是可以辯稱，他們精確地總結了他們觀察到的事物。不過批評者可以論證說，研究者誤解了他們觀察到的事情，或許這是因為他們預期發現的事情，形塑了他們的詮釋。

另一條批評路線關乎倫理。舉例來說，社會學家對於欺騙自己的研究對象——例如刻意歪曲他們參與的實驗主題——是否合乎倫理，有不同意見。社會學家通常努力偽裝他們的研究背景，例如他們會重新命名他們的研究地點（像是印第安納州的蒙西，變成了「中鎮（Middletown）」，或者麻州的紐貝里波特變成「洋基城（Yankee City）」），並且給研究中的人假名。但我們還是聽說過，某些研究對象抱怨他們被描繪出特徵的方式。而有些人擔心，某些研究對象參與一項研究計畫後可能受到傷害，甚至精神受創。這導致美國社會學協會與其他專業機構，為他們的成員設計了倫理規章，就像是各大專院校會要求研究者提出研究計畫，取得校園人體試驗委員會的許可。

關於研究的問題

說到底，沒有一個研究是完美或者決定性的。每個研究者都被迫做出選擇：選擇他們想要研究什麼（有時候稱為研究問題）；選擇他們會測量什麼，還有他們會如何進行測量；還有選擇他們會怎麼樣呈現並且詮釋他們產出的證據。大多數研究者很清楚他們做的選擇是有後果的，而許多研究論文的結論，是呼籲以略有不同的選擇為基礎，做更進一步的研究，為呈現出來的發現提供支持。

毫無疑問，絕大多數社會科學研究者還是誠實回報他們的結果。研究結果被證實為假、或者經過編造的事例，讓人難以置信的稀少，而回報剽竊的例子也相當少見。那些被發現的罕見事例，通常導致被大肆報導的醜聞，相關的新聞可能傳播到遠超過學術界之外。但不誠實只是質疑研究的理由之一——而且相對來說並不常見。

每個研究者都必須做選擇，而至少其中某些選擇可能影響了研究結果。所以評論者總是有可能指出，如果用不同的方式闡述研究問題、對於變數選擇使用別的定義或測量方式、或者分析時聚焦在不同的證據上，結果可能就會有所不同。講理的人總是有可能提出異議、提出問題、並且開啟對話。

這樣的對話可以激勵人更深入思考研究，並且設計其他能幫助解決批評者所提疑問的研究計畫。

批判思考重點整理

- 呈現證據免不了要做選擇。
- 證據的說服力可能有多有少，而所有證據都是被挑戰的潛在對象。

CHAPTER
13
同溫層
Echo Chambers

第二章提出了這個論點：批判思考的最大挑戰，在於精確評量我們自己的想法。這很合理。我們很容易批評我們不同意的論點——畢竟要是我們視之為錯誤，我們就肯定有些理由要那樣想，而且我們應該能夠解釋這些理由。可是要批評我們同意且相信正確的觀點，就困難得多。在我們確信一個觀念有效的時候，我們不太可能那麼批判性地看待它，而且我們也許會對批評它的努力心存疑慮。對自己的思維沒那麼有批判性的傾向，會對社會科學研究產生真正的後果。

承認並且處理自己的偏見

研究者長期以來都承認，科學家對自己的觀念批判性不夠是有危險的。比方說，發現一種新藥的某人自然希望這種藥有助於病患；就連不是研發出這種藥，卻被選中可以在患者身上測試新藥的醫師，都有可能抱著希望看待這個創新之舉；至於那些病患，當然希望這種藥能幫助他們。可是新藥有效嗎？面對新藥，投入其中（對此有高度期待）的人，通常會正面詮釋試驗性治療的結果，回報說新藥奏效了。然而，如果你引進一種安慰劑——一種不包含任何活性成分，所以不可能有任何效果的藥丸——卻告訴醫師與病患說其中包含一種有希望的新藥，他們常常會回報說，這種新療法確實有幫助[1]。他們的希望引導著他們想像這種治療是有效的。

研究者的期待也可能扭曲社會科學研究發現。想像一個心理學實驗，在其中研究者讓老鼠跑迷宮，以便測試比較聰明的老鼠會更快走完迷宮的假說。他們使用兩組老鼠：第一組老鼠被描述成普通而年長的老鼠，而且他們得知，第二組包括因為智商較高而被特別挑來育種的老鼠——牠們是真正聰明的老鼠生下的後代。結果並不令人意外：這些刻意培育出來的聰明老鼠，到頭來比牠們的平凡老鼠競爭者更快破解謎宮。這裡只有一個問題：兩組老鼠其實是從基因相同的老鼠群裡選出來的；說其中一組是因為牠們跑迷宮的智商而被培育出來，並不是真的。兩組老鼠應該要在相同時間裡跑完迷宮，可是據稱比較聰明、研究人員預期會表現較佳的那一組，實際上表現優於據說很普通的老鼠。

這就是所謂**實驗者效應**（experimenter effect）的一個例子[2]。實驗者期待某個特定結果，然後得到跟這些期待相符的結果。這是怎麼發生的？可能有很多原因。舉例來說，假定兩隻老鼠同樣接近迷宮末端，就在終點邊緣；實驗者或許更有可能判斷，那隻據說比較聰明的老鼠剛好靠得夠近——如果你想，可以說是一鬚之差——可以算是領先完成迷宮，而那隻據說較笨的老鼠則被判斷為幾乎抵達，卻還沒完成。知道你應該發現什麼，可能影響你確實發現什麼。

很重要的是，要體會到這並不表示有任何人必然做出了詐欺之舉，或者刻意偽造了他們的報告。關於研究造假的醜聞確實會上頭條，但這種事很罕見[3]。

大多數研究者無疑自認為是在憑良心做事。但期待找到特定結果，讓人很容易做出跟這些期待一致的判斷。安慰劑與據說較聰明的老鼠的實驗，是被設計成透過操縱研究對象的期待——在這些例子裡，是醫師與病患，或者讓老鼠跑迷宮的人——來指出實驗者效應，同時讓其他一切維持不變。在此，安慰劑或者據稱較聰明的老鼠，沒有理由應該表現得比較好——除非受試者的期待形塑了結果。

不可否認的是，人會把期待帶進各種真實世界情境中，很可能有影響自身生活的後果。可能最戲劇性的實驗者效應研究，對象是教室裡的教師。首先，研究者對一群小學生做了智力測驗。他們接著隨機選擇大約五分之一的學生，告訴他們的老師說，這些學生的表現指出他們很可能「在知性上即將成熟」，會在下一年裡表現突飛猛進[4]。結果——你們可以看出會發生什麼事——就是預測中會出現進步的那組人確實進步了，程度超過沒有得到正面期待的那些導師所指導的學生。請注意，這項研究被設計成避免傷害到任何人：在實驗者效應的影響程度方面，這個研究的做法是藉著鼓勵教師對學生有更加正面的想法，來幫助某些學生。但這仍然是個令人困擾的發現。試想一下，被人帶進每一種社交情境裡的所有期待——對於其他人的假設與刻板印象，包括別人對你的想法。那些期待會有什麼效果？

研究者的期待塑造出他們會有何發現的傾向，對於所有科學分支都是嚴重的問題，而且經過良好設計的研究計畫會試著避免實驗者效應。醫學研究者很久以前就發現，嘗試某種前景看好神奇新藥的醫師，要是他們知道是哪些病人在接受這種前景看好的療法，通常就會發現新藥事實上表現超過既有的療法。同樣也為真的是，知道自己在接受有希望新藥物的病患，會體驗到健康狀況進步。這就是為什麼最好的臨床藥物測試是**雙盲試驗**——也就是說，不論是病患還是進行治療的醫學專業人士，都不知道某位病人接受的是實驗性藥物，還是屬於控制組。

期待與社會學家

研究人員的期待能影響他們有何發現的可能性，再度提醒我們，批判思考最大的挑戰是質疑我們已經相信的那些想法。所有科學家——但社會科學家尤其如此——都需要小心判斷他們自己的主張，標準至少要像他們對付自己不同意的主張那樣嚴格。

大多數社會學研究並不涉及正式實驗，這意謂著社會學家在常態下不可能仰賴雙盲研究條件，來孕育更精確的發現。如同我們已經看到的，社會學研究的典型狀況，是從研究者對於某個社會歷程或背景環境的興趣開始。相當常見的是，這種興趣根植於自傳：一個探究者可能體驗或者觀察到某件他們發現很有趣的事情，他們自認為可能對此有個社會學解釋——所以他們設計了一個研究。當然，在研究結果被報導以後，這個自傳性的故事傾向於被淡化處理，甚至消失於無形。研究報告反而用上淡定的語言，並且藉著一個可以透過細膩科學探究處理的理論性問題，替整個作品賦予框架。

這是無可避免的。如同我們已經看到的，社會學家是局內人——既是在社會學這個學科之內（這裡讓他們意識到其他社會學家可能會覺得什麼事情有趣），也是在整體而言的社會之內（其中包括特殊的團體與背景，這影響了他們可能認為什麼事情值得研究）。他們的局內人地位，常常讓他們對自己揭露的事情有共存共榮之心：他們會偏好他們的結果揭露出他們預期發現的事，這既是因為一個人的假說得到確認總是感覺很好，也是因為他們覺得這應該是正確的結果。但所有這一切，都意謂著社會學家鮮少在沒有期待的狀況下展開一個研究計畫。在大多數例子裡，他們對於他們想要發現的事情有個想法，也意識到為何這些結果可能很有價值。在這樣的情況下，研究者需要特別步步為營，總是覺察到他們的期待或許有可能扭曲他們的發現。他們必須盡他們所能，去確保他們的發現是精確的。批判思考就是關鍵。

意識形態同質性的複雜之處

這一切因為政治意識形態而變得複雜起來。我們已經提到，當代社會學家相對來說有政治上的同質性。也就是說，絕大多數社會學家把自己定位在光譜的自由派／進步派／激進派左側；相對來說，極少人自認為是保守派。這種意見上的相對一致性本身，就形塑了社會學家的期待。這樣也有別的後果，首先就是朝向通俗劇發展的傾向。

通俗劇

在劇院裡，老派通俗劇有圍繞著單一面向人物打轉的簡化情節，這些人物占據著標準化、套公式的角色——捻著鬍鬚的壞心惡棍，威脅要傷害純潔無力的女主角，她會在最後一刻被大無畏的英雄拯救。這可以造就出取悅群眾的娛樂；觀眾對惡棍報以噓聲，大喊大叫警告女主角，然後為英雄歡呼。相對來說，大多數現代戲劇與電影的情節更複雜得多，牽涉到發展更完滿的人物。從伊底帕斯到蜘蛛人，英雄並不單純是好的，他們有缺陷，而惡棍有著超過只是本性邪惡的動機。衝突有更多細膩曲折之處，而且複雜的情節鼓勵觀眾更深思熟慮的反應，所以在戲劇結束以後，觀眾還可以繼續思索這些人物做出的選擇。

通俗劇的種種面向，可以幫助我們考量社會學批判思考的某些面向。首先，這裡有通俗劇的簡化情節與角色。雖然社會學理論更複雜些，它們還是常常是圍繞著核心機制或者社會歷程而建立的。因此，理性選擇理論強調經過計算的決定在社會生活中扮演的角色，衝突理論則強調菁英如何透過種種形式的宰制維持控制。以同樣的方式，圍繞著這種理論觀點而建立的社會學陣營，強調文化或社會結構以特定觀點形塑社會生活的方式（通常做法有傷害性）。等同於惡棍角色的東西，可以被指派給某些結構或者歷程，像是父權、宰制、色盲種族主義、或者新自由主義。因為同一陣營內的每個人傾向於共享相同的理論假設，這樣的宣言鮮少有人爭辯。共同的期待不鼓勵同陣營的人對彼此的論證做出尖銳的批評。

所以，陣營有同溫層的作用，陣營中人們彼此意見相同，並且對意見一致感到沾沾自喜，就像通俗劇的觀眾用噓聲與歡呼來強化行動。這個環境讓人很難對自己的觀點做批判思考，因為他們一直維持跟他們一鼻孔出氣的同事強化過的那些觀點。

社會學的意識形態同質性，讓這個狀況更是變本加厲。以特定理論傾向為中心而組織起來的陣營，通常共享的不只是一組概念，還有一種可能強化理論的整體政治觀點。因此這些陣營的成員，在大體上意見一致的狀態下，再度肯定了彼此思維的根本正確性。這一點也阻撓了對自身觀念的批判檢視。這是知性版的團體迷思（groupthink）[5]。

這並不表示所有社會學家都跟著相同的節拍起舞。敵對陣營的成員通常會辯論並且意見不同，雖然比起不感興趣與不去注意，公開衝突可能是比較少見的。對於社會學缺乏一個核心的抱怨，反映了這些發散的興趣。社會學文章最受推崇的發表地，長期以來都是該學科的兩份主要期刊，《美國社會學評論》（*American Sociological Review*）與《美國社會學期刊》（*American Journal of Sociology*）；數十年來，平均來說它們的文章引用率，遠遠超過其他社會學期刊上的文章（這指出它們已經影響了其他社會學家的思維）。一個人可能會預設，社會學要是有個核心，這個核心就反映在這些期刊裡。大多數發表在這些期刊裡的作品，標榜的是成熟複雜到絕大多數社會學家可能無法完全理解的統計分析。這麼尖端高檔的社會學比較不像個核心，而是又一個陣營。出現在這些期刊裡的作品，可能看似跟這個學科許多陣營裡的成員無關。一旦完成了研究所訓練，身為某些陣營裡的成員，一位社會學家很有可能從此再也不讀該學科主要期刊裡的另一篇文章，反而轉向他們陣營裡更專門的期刊，所以出現在該學科頂尖期刊裡的作品，就對許多陣營的思維沒什麼影響了。與此同時，至少某些社會學家可能會發現，他們很想沉浸在自己陣營的理論通俗劇裡，享受他們每個人都意見一致的舒適狀態。

可預測性

社會學的意識形態同質性環境，造成的第二個影響就是讓這門學科的路線變得狹窄，導致可預測性。雖然在所有社會科學學門裡，自由派數量都多過保守派，經濟學、政治科學與史學全都有夠分量的保守少數派，創造出一種容許更多內部辯論的氛圍。舉例來說，在一個經濟學家對某項提議中的公共政策提出意見時，我們無法事先知道他們可能發言支持或反對。這是因為在經濟學家意見不同的時候，不盡然是因為經濟原則，而比較是關乎政府應該介入穩定經濟到什麼程度；比較自由派的經濟學家，通常比他們更保守的同事支持政府扮演更積極的角色。與之形成對比的是，社會學家在政治與價值觀方面的深刻區隔相對來說極少。這種較大的意識形態同質性，讓人比較容易預測任何一位特定社會學家的立場。舉例來說，如同我們在第七章看到的，典型狀況下，結構隊否定文化隊的看法，把不平等與不正義——還有普遍而言的社會問題——怪到失衡的社會結構上。聚焦於文化變數的批評——一度很常見——已經變得相當罕見了。

然而這種可預測性，意謂著社會學有變得無聊的風險。請回想我們先前對於社會學家傾向於悲觀主義的討論。進步的證據被排除掉；的確，指出進步的證據會被看成是危險的，因為這樣可能培養出自滿之情，而不是促進社會變遷的決心。評論公共議題的社會學家，通常看起來像在詬罵現狀。

話雖如此，社會學的特色確實就在於學科內部的歧異，特別是在敵對陣營之間，他們可能貶低彼此的理論模型或方法論偏好，對於其他陣營實質焦點所在的主題，可能沒什麼興趣。偶爾，敵手會因為身為政治保守派而被忽視不理，這再度揭露了社會學之內的意識形態同質性。某些這類批評裡，有種自以為大義凜然的腔調。舉例來說，結構隊的成員把文化隊的分析一筆勾消，當成某種形式的責怪受害者，並且暗示把焦點放在文化上的學者，對社會不正義有某些責任。

我們可能會很納悶，為人父母的結構隊社會學家要如何把他們在專業上強調的事情，轉譯成家長教養的實際做法。我們可能會懷疑，大多數這樣的父母也投入其他高教育程度、中產階級上層父母會做的那種密集家長教養[6]。也就是說，他們可能鼓勵他們的孩子為了本週的拼字測驗用功，並且告訴他們拿到好成績很重要，因為好成績會幫助他們進入好大學，而大學教育接著就會導向好工作與穩固的未來。他們可能不會做的是向他們的孩子保證，那個拼字測驗幾乎不重要，因為他們生在一個有特權的社會階級，他們的未來很保險。如果社會結構有那麼牢不可破，為什麼要強調在學校表現成功的重要性？

社會學宣言的可預測性就是這樣。而可預測性是要付出代價的。雖然對社會學界之內的成員來說，不同陣營之間的差異可能看起來很重要，社會學的意識形態同質性，卻讓這門學科之外的人幾乎看不到這些差異。社會學家反而被看成是採取了可預測的自由派立場。而這種可預測性，讓社會學似乎很無聊，也讓人很容易忽略社會學家所說的話。

自我批評的重要性

正因為我們知道研究人員的期待可能扭曲他們的發現，對社會學家來說，對自己的作品進行批判思考，設法確保他們沒有因為自己的期待而無意中形塑了結果，是很重要的。理想上，研究者的同事——社會學家的學者社群——會藉著質疑他們的作品來幫助他們；在發表出版之路上，則會有編輯跟同儕審查員出現，這些把關者的工作是提供這樣的批評。然而當代社會學組織成不同的陣營，還有這個學科的意識形態同質性，意謂著編輯與同儕審查員通常同情作者的假設與路線。雖然沒有任何人事物阻止這些行動者認真看待他們的批判責任，卻很容易懷疑這些安排可能付諸流水。

近年來有過一些醜聞，參與者把基本上是鬼扯的文章，投到社會科學與人文學界的期刊去[7]。其中某些論文被接受並且出版了，在這時惡作劇的人才喜孜孜地揭露他們的淘氣行為，讓讚許這些無意義作品的人尷尬不已。這樣的例子指出，批判嚴格性還有改善空間。

批判思考重點整理

- 研究人員的期待可能影響他們的發現。
- 期待對社會學家造成特別的挑戰，因為他們的閱聽眾傾向於在知性上與意識形態上有同質性。

CHAPTER

14

困難的主題

Tough Topics

到現在應該很顯而易見了，每個社會科學論證都可以成為批判思考的對象——而且可能會因此獲益。在社會學與相關學科裡，論證傾向於出現在已出版的研究報告裡，而所有研究都牽涉到做出選擇，包括測量上的選擇、比較上的選擇，還有證據的選擇。在所有這些例子裡，批評家最好還是問問研究者的選擇是否可能形塑或者扭曲研究發現，以至於講理的人應該懷疑這些結果。

這樣的問題完全正當。雖然我們有時候講得好像科學進展是穩定、平順又無可避免的，真相卻更雜亂些。進展是斷斷續續的。在每種科學之中，一度被視為理所當然的知識都曾被推翻過，通常是在受到更強證據支持的新觀念浮現時。批判思考在這個過程裡扮演極其重要的角色；藉著挑戰公認的智慧，它幫忙引導各個學科更深入理解它們的主題。這樣的批評幫助科學家拒斥某些觀念，因為它們有錯誤或誤導性、在知性上死路一條，同時也鼓勵更有希望的其他思考路線。

那些到最後被棄置的觀念有它們的鼓吹者，這些人相信這些觀念、而且產出似乎支持它們的研究發現。我們就花一點點時間，來想想那些抗拒新觀念，在現代人記憶中被認為緊抓著錯誤不放的人。但我們也要承認，抗拒新穎思想與改變並不總是錯的。雖然我們記得在傳統智慧被顛覆時的戲劇性插曲，也有許多新觀念到頭來沒成功——這些觀念可能會經短暫地風靡一時，到頭來卻消失了。換句話說，在任何時刻，改變與維持現狀都各有鼓吹者，而這些立場中的每一個，可能到最後都會贏得其中一些辯論。隨著時間過去，證據應該會決定哪些觀念將持續下去，哪些又會消逝。

這個描述是很安慰人心，因為它指出真相會勝出（形式是提出較優越的證據）。我們跟稍早的辯論拉出了一段距離，以後見之明這樣看事情是很容易。近在咫尺的時候，情緒就會高漲。因為人會投入他們的立場，批判思考就變得極端重要——在批判思考質疑的是廣受支持的觀念時，尤其如此。

這些過程攪亂了當代社會學。在一個意識形態同質性相當高的學科裡，一致意見可能廣泛到不鼓勵質疑共識。

文化浪潮

文化與社會結構會改變。更上層樓的通訊快速散播觀念，新科技改變社會安排，長期的預設則被顛覆。很容易就把許多這樣的改變看成是正面的。從全球性的層次來看，有更多人生活在民主國家，識字率普及，生育率下降，預期壽命則提升了。在美國，我們可以指出生活水準改善，還有女性、族裔與性別少數的權利得到擴張。這些發展影響了為數極多的人（雖然從來不是人人都平均分配到，或者一次到位），而雖然這些變化可能起初遭到抗拒，到最後卻得到基礎相當廣大的支持，而且廣泛被視為進步的證據。

我們可以把這些變化想成是發生在得到普遍接納的廣泛文化浪潮裡。相對晚近的例子是網路：雖然可能有人會抱怨網路的某些面向，絕大多數人仰賴它；它迅速地從一種新鮮玩意，變成非但被視為理所當然，還被當成我們生活中的一項基本特色。網路被接納了，而這似乎不太可能改變——至少直到某種更優越的通訊系統出現為止。

其他發展影響了社會比較狹窄的範圍——像是社會學家。新概念、理論觀點還有方法論技巧持續出現。其中某一些得到支持，並且在這個學科裡相對來說流傳很廣，或者至少在個別陣營裡散播。在許多例子裡，這些變化是某個學科專有的，在社會學之外無關緊要（至少起初如此）。但同樣也成立的是，在較大社會中的改變可以激發社會學內的平行發展。舉例來說，一九七〇年代早期對女性議題重新興起的興趣（當時被稱為女性解放運動），導引社會學家更緊密地聚焦於當時所謂的性別角色（sex roles），這個說法很快就被重新命名為性別（gender）。

這樣的發展可以在社會學之內滋生出大量的興趣與熱忱。新鮮的觀念通常有許多蘊含；一旦社會學家採納了新的觀點，他們就會看出或許能被探索、導向種種新研究的有趣主題。在某些例子裡——好比說，某種成熟複雜統計技術的引進——衝擊可能有限；在單一陣營之外，鮮少有人會注意到發生什麼事。可是在較大社會中的變化觸及社會學的時候，影響可能非常廣大。因此，在較大社會裡對女性議題產生的新關注，影響了整個學科裡的社會學家——雖然數十年來女性議題曾經被區隔到家庭社會學之內，研究形式組織的人現在卻發現，他們在思索婦女在這些組織中的地位，研究偏差的社會學家則開始專注於女性做為偏差者、還有偏差者受害人的經驗，凡此種種，到最後實質上透過性別透鏡看待任何議題、並且批評其他社會學家的分析沒能併入性別因素，很快就變成稀鬆平常之舉。

社會學家的意識形態同質性，還可能加強這種文化思潮的衝擊力。民權運動、女權運動、還有男女同志權利運動，都在政治自由派之間找到他們最大的支持。不讓人意外的是，他們也在個人同情這些運動的社會學家之中，得到強勁而廣泛的支持。

有影響力的文化浪潮變得理所當然；似乎難以想像社會可能逆轉，回到現在被視為老舊過時而錯誤的習慣做法。（在講述人在崩潰文明遺跡中掙扎的所有末日後或者反烏托邦故事裡，探索了我們對於這種可能性的種種焦慮。）文化浪潮創造出關於事情應該如何、還有將會如何運作的新預設。它們在整個社會中——還有整個社會學裡——反射迴響。

好人與壞人

在社會學中，近期的文化浪潮——尤其是為各種範疇的弱勢群體爭取權利的運動——有著深遠的影響。社會階層化（social stratification）一直都是核心的社會學關懷，但逐漸地社會結構——階級、地位、種族與性別的社會關係——被理解為反應了權力上的差異。讓人想起赤裸權力的詞彙，像是菁英、剝削與宰制，在社會學文獻裡更加常見。許多社會學家理所當然地認為，他們的同情應該放在比較沒有權力的人、被他人權力所傷害的人身上。

這種變化已經引導許多社會學家專注於受害性（victimization）與脆弱性（vulnerability），這是「責怪受害者」這個觀念的一種早期表達方式[1]。雖然這種詞組是由心理學家創造出來的，社會學家很快就加以採用。其中心思想就是在一個以顯著不平等為特色的社會裡，少有機會的人通常會做出事實證明代價龐大的選擇，像是輟學、使用毒品或者犯罪，而那些選擇可能讓他們的處境變得更差。傳統社會可能責怪這些人自己做出糟糕的選擇，不過根據這個論證的說法，這種責怪放錯地方了，因為是這個社會把可怕的絆腳石放在他們前進的道路上，他們是受害者。責備應該重新導向讓許多人居於劣勢的種族歧視階級體系。

很明顯的是，社會學家對於強調社會安排重要性的論證相當有同感。與此同時，有一股相容的文化浪潮興起，把注意力引向受害者的社會環境；這股浪潮包括種種顯眼的運動，對抗多種形式的虐待（像是虐待兒童以及虐待老人）；設法對強姦及其他犯罪受害者提供更大支持的受害者權利運動；還有受害者學興起，成為犯罪學中的一個專門分支。談論受害者變得很時興。

這樣把焦點放在受害者身上，反映出一種通俗劇式的視野（請見第十三章），在其中受害者被認為易受傷害、脆弱、而且值得被理解與同情。某些社會學家似乎認為「責怪受害者」是一種邏輯謬誤，把這當成一種推論中的錯誤。這是個可以辯護的立場，但我們應該承認，有可能以其他預設為基礎來做社會學研究。舉例來說，青少年犯罪社會學家曾經描述過「好男孩問題」(good boy problem)[2]。意思是，我們總是有可能指出某些年輕男子在艱苦環境下，在與變成少年犯有關聯性的那種條件下長大（就說是在貧民窟裡成長吧），然而這些人避開淪為少年犯罪者的命運——也就是說，他們是「好男孩」。換句話說，論證說少年犯罪是由於這些結構條件所導致，是過度預測：如果在貧民窟裡長大導致少年犯罪，我們要如何解釋所有來自貧民窟卻沒變成少年犯的人？如果社會學家論證責怪受害者忽視了社會結構的力量，好男孩們則提醒我們這種力量有其極限。

可以指出許多類比性的例子。舉例來說，有很多證據顯示，在最窮困的五分之一（也就是收入最低的百分之二十家庭）環境下長大的孩子，其中只有相當少數在成年後還在最低收入的五分之一裡。不是每個人都達成美國夢、成功發達的事實，有時候被呈現為針對美國社會體系的明顯控訴。然而這種批評忽視了在底層五分之一被扶養長大的多數孩子，成年後確實移入更高的其他五分之一的證據——我們可能會把這些人想成是說明向上流動性的好男孩（還有好女孩）。就像我們有可能誇張了社會結構導致少年犯罪的力量，社會結構阻擋流動性的傾向也可能是誇大其詞。

結構隊肯定有點道理。個人的童年環境，確實讓人比較容易留在原地，而不是朝著社會階梯往上（或往下）爬得更遠些。我們可以想像這種狀況有很多理由：像是歧視與偏見等種種障礙，可能卡在人企圖往上爬的路上；來自較弱勢背景的人比較沒有管道取得資源（例如好學校）；而個人傾向於在他們已經熟悉的環境周遭，計畫他們的生活。因為許多學生進入大學時相信美國是個特別開放的社會，是任何人都可以「登頂」的社會，負責導論課程的社會學講師長期以來，都認為他們的責任是示範說明美國人事實上比學生們想像中更少有社會流動。跟這一點綁在一起的，是這個學科對於受害者與脆弱之人的強調[3]。然而這裡有種緊張關係：因為這種態度可能導致人忽視了儘管有這些阻礙，實際上還是發生了為數不少的流動。

專注於受害性，也會支持對受害性的本質做出更加擴大的定義。在此請考量微歧視（microaggression）的概念[4]。如同這個詞彙所暗示的，這些微小的片段時刻、話語或姿態，通常發生在面對面的互動中，而被理解為貶低另一個人的社會地位。這個概念通常被用在精神病學、心理學與教育中，雖然某些社會學家也加以採用。基本觀念是，人可能成為許多微小輕蔑行為的目標，因而受害——備感壓力或受到孤立。關於微歧視，最常見的討論是牽涉到種族或族裔，但這個概念被應用在性別、性向、還有被認為易受傷害的其他範疇的人。

一個行為的特徵是否能被描述成微歧視，只能取決於受害者的看法：本意是要表現友善的評語，如果在接收對象理解中揭露了某種潛藏的偏見，就可能被歸類成微歧視；就像在某個例子裡，被問到「你從哪裡來？」，在當事人理解中，可能蘊含了「你不屬於這裡」。

就像色盲種族歧視，微歧視的觀念給分析者權力，在被描繪為加害者的人可能否認他們有任何惡意的狀況下，還是指出有受害狀況[5]。請注意，這兩個詞彙都合併了暗示這些行為令人困擾而且粗魯的字眼——種族歧視（racism）與侵略性（aggression）。當然，社會學家利用他們的能力提出一個令人訝異的觀點，藉著不同於他們的研究對象可能選擇的說法，來詮釋社會生活。無怪乎這個概念變得時興。與此同時，我們不能就這樣理所當然地接受這個概念的用處；就像社會科學裡的所有新觀念，它需要成為批判思考的對象。

到頭來，文化浪潮可以扭曲學科內的思維，鼓勵把研究問題表述成跟流行浪潮的預設一致；同時，其他主題沒那麼符合這波浪潮描述中的社會與社會生活，就沒人注意了。如果一個陣營內充滿了共享特定同類型關懷的成員，觀念很容易生根，而在一個有意識形態同質性的學科裡，也不難發現這些觀念就算沒有得到普遍接受，也會被容忍。

分門別類登錄種種形式的不平等，是社會學很重要的部分，對於更普遍的社會科學來說亦然。不過社會學的任務，延伸到遠超過只是責難不平等之外；而趕上一波文化浪潮，並不能合理化拋棄社會學的其他關注項目。

禁忌

不過學科內的口徑一致，還有另外一種潛在來說更加嚴重的後果。社會學家可能變得不太情願處理「問不得的研究問題」。也就是說，存在某些禁忌性的主題，或者至少是有潛在禁忌性的發現。

普遍而言，這些主題處理的是像種族、階級、性別與性向這樣的敏感話題。所有這些主題，都是社會學家長期以來的研究對象。早期社會學研究暴露出種族歧視與階級結構導致的傷害，並且設法解釋那些體系受害者的反應。對於以性別跟性向為基礎的不平等所產生的興趣，是在稍後興起的。在所有這些例子裡，社會學家都論證歧視是錯的。

在此同時，社會學家設法記錄不平等的證據。而當然了，多的是可以記錄的不平等。實質上，任何社會指標——收入、財富、預期壽命、教育成就——都揭露了跟族裔、階級、性別或性向有關的模式，而社會學家（其中大多數人屬於結構隊）相當自在地解釋，這些模式是由結構安排所導致的，同時排除（有時候是立刻）提出其他原因的解釋。而且，因為在社會學之內有這樣的意識形態一致性，還有可能論證說，社會學家甚至不該問其他解釋是否相干。

現在請考量家庭結構對兒童未來展望的相關性。政治保守派——請記得，這種人在社會學內很罕見——論證說，由已婚男女跟他們的子女組成的傳統核心家庭，給予孩子多種優勢。但社會已經在改變了：有更多小孩是由未婚父母所生，還有更多夫婦分道揚鑣，所以有更大部分的孩子生活在單親家庭裡；此外，還有更多小孩是由男同志或女同志伴侶扶養。整體而言，社會學家支持這些導致兒童在多樣化家庭裡長大的改變。然而許多保守派擔心，出自這些非傳統家庭的孩子會受到傷害——他們在學校裡會有問題，或者承受其他種類的傷害。

可能會有人想像，這個考量會創造出社會學家的一個研究機會。也確實如此——不過，結果並不見得受歡迎，要看結果顯示出什麼而定。顯示出兒童在各種家庭背景裡都表現良好的研究，很快就被接受。然而指出來自傳統家庭的孩子具備優勢的研究，就有可能碰上沒那麼熱烈的反應。當然，這不是新鮮事了。挑戰某學科現行共識的發現，總是會面對抵抗，其中一些抵抗無疑反映出對於該研究的優點還有爭議[6]。不過禁忌是不同的——它們藉著設法阻擋某些觀念的表達，來遏阻辯論。

很明顯，批評研究者的測量、比較與證據選擇，是完全合理的。在某些狀況下，科學家可能會很自在地立刻排除已經被徹底破解的主張——像是地平說這種想法。不過這樣的排除，預設了對於地圓說論證的證據、還有地平說主張的缺陷，已經有了既定的共識。這非常不同於拒絕某個研究，只因為那些發現跟你可能希望發現的事情不一致。

思考困難的事情

批判思考是非常重要的，因為這容許社會科學家用最有說服力的證據來建立知識。批判思考也提出挑戰，因為我們通常認為我們已經知道什麼是真的，而我們抗拒——甚至怨恨——其他人的批評。

所有不同取向、不同陣營的社會學家，都適用相同的標準：如果我們要設法理解世界的實況——相對於我們可能希望它是什麼樣——我們就需要批判性地思考我們自己的主張，也需要聆聽並考量其他人的批評。這是個混亂而且通常不太舒服的過程，不過對於建立社會學知識來說，是很必要的。

批判思考重點整理

- 新知識的發展通常有爭議性，會引起論戰。
- 文化浪潮形塑了我們對於不同觀念的開放性。
- 把某些主題定義成禁忌，妨礙了批判思考。

後記　批判思考為何重要
Afterword: Why Critical Thinking Is Important

批判思考可能是一種孤獨的追尋。畢竟這牽涉到保持批判性——對於別人的想法如此，但對自己的推論亦然。被批評並不怎麼愉快；這件事可以讓人非常挫折。把批判思考掩蓋過去，幾乎總是比較容易。

然而批判思考極端重要。進步來自願意仔細思考，質疑別人告訴你的事，對於被大家接受的智慧保持懷疑態度。環顧你的周遭；就算在你閱讀這段話的時候，你周圍也都是各種物體，而你的腦袋裡充滿了種種想法，那是科學進程的產物——也就是說，是批判思考的產物。批判思考讓人類得以發展到今天，而如果種種事物要繼續變得愈來愈好，批判思考就有不可或缺的必要性。

注釋
Notes

第1章——什麼是批判思考？

1 批判思考文獻為數眾多。教育資源資訊中心（Education Resources Information Center，簡稱ERIC）的資料庫——搜尋教育學術文獻的基本資源——列出了數千個在摘要中提到批判思考的資料來源。

2 與此同時，對於我們的學校與大學有個常見的批評是，有太多學生不具備他們需要的批判思考技巧。舉例來說，請想想阿倫（Arum）和羅克薩（Roksa）令人憂心的發現：「三個學期的大學教育……對於學生的批判思考技巧幾乎沒有顯著的影響。」（二〇一一）

3 Merseth (1993)。

4 尼姆（Neem, 2019）論證說，最重要的批判思考技巧，是各學科的專門技巧：也就是說，像是歷史學家、文學學者、化學家與社會學家，都需要不同種類的技巧。

第2章——基本事項：論證與假設

1 我從史蒂芬．圖爾明（Stephen Toulmin,1958）中借用以立場－論據－結論組成的論證模型。

第3章——日常論證

1 科勒．豪斯曼（Kohler-Hausmann, 2007）討論過關於「社福吸血蟲」（welfare queens）的故事，如何形塑關於社福政策的辯論。

2 舉例來說，請參照National Center for Statistics and Analysis (2018)。

3 傳統的邏輯謬誤目錄中，充滿了拉丁文術語——例如「後此故因此」（拉丁語：post hoc ergo propter hoc，錯誤地假定如果B隨著A而來，A一定導致了B）。這本書會聚焦在那些看來與社會學特別相關的謬誤。

4 Scherker (2015); Brown (2015)。

5 S.Davis (2015); Gilson (2013)。

6 有一篇評論談到墮胎安全性的議題與證據，請見National Academies of Sciences, Engineering, and Medicine (2018)。

7 關於隱喻的重要性，請見Lakoff and Johnson（1980）。對於特定隱喻的社會學批評，請見Best (2018)與Furedi (2018)。

8 有大量相關文獻。例如Zygmunt (1970)。

9 例如Collins (2000)。

第4章——社會科學的邏輯

1 一般公認十八世紀哲學家大衛．休謨（David Hume）首先清楚說明判斷因果論證的基本判準。

2 Becker (1963),135-46。

3 Dickson (1968),153 n33。

4 這個問題的其他例子，請見Fischer (1970), 169-72。

5 Robin (2004)。

6 Laposata, Kennedy, and Glantz (2014)。

第5章——權威與社會科學論證

1 Shiller (2015)。

2 Best (2003)。

3 Best (2001a)。

4 社會學家有時候會研究自己這門學科的運作方式——這稱為社會學的社會學。甚至有一本專注於這個主題的期刊，《美國社會學家》(*The American Sociologist*)。

第6章——社會學的社會世界

1 Pease and Rytina (1968)；也參見Best (2016)。

2 請見Gubrium and Holstein (1997)對於「談論方法論」的討論。

3 Best (2006a)。

4 數十年來，對教授們的政治傾向所做的研究，已經一致地發現社會學是有最高比例自由派以及／或者民主黨人的學科之一。要看二十一世紀的例子，請見Cardiff and Klein (2005)；Gross and Simmons (2014)。

5 既然我在替社會學家分門別類，我稍微揭露我在社會學世界中的位置可能比較公平。我的主要社會學陣營是理論性（符號互動論）與實質性的（社會問題建構研究〔studies of social construc-

tion〕)。

6 Cole (1994,2006)。

第7章——取向

1 Pinker (2018)。

2 雖然不是社會學家，戴蒙（Diamond, 2005）提供了社會崩潰的案例研究（《大崩壞：人類社會的明天？》〔*Collapse: How Societies Choose to Fail or Succeed*〕)。

3 Herman (1997)。

4 例子請見Lareau (2011)。

5 Goffman (1952)。對於高夫曼在他的經典之作《精神病院：論精神病患與其他被收容者的社會處境》（*Asylums*）中展現的喜劇風格，詳細的分析請見Fine and Martin (1990)。

6 M. Davis (1993), 150。

7 例如Brooks (2000)。關於沃爾夫，請見Best (2001b)。

8 Parkinson (1957); Peter and Hull (1969)。

第8章——用語

1 Best (2003)。

2 這方面有許多例子，不過經典批評是Mills (1959)與Sorokin (1956)。

3 Becker (1986)。

4 Billig (2013)。

5 Smith (1992)。

6 Best (2006b)。

7 這些不是新的議題了。Allport (1954) 認為「黑色人種（Negro）」開頭要是沒作大寫，是有問題的。

8 Goffman (1961)。

9 Furedi (2016)、Haslametal (2020)。

10 Goffman (1961)，頁四（強調的部分是原文所加）。

第9章——問題與測量方式

1 Mosher, Miethe, and Phillips(2002)。

2 Mosher, Miethe, and Phillips (2002)。

3 Lee (2007).

4 這是一本處理一個廣泛主題的小書，所以免不了含糊帶過許多特殊事例。對於質疑研究內容，有其他作者提供了更詳細的準則（例如 Harris [2014]; Nardi [2017]; Ogden [2019]），而且有大量文獻在討論社會科學方法論。

第10章——變數與比較

1 藥廠以形形色色的方式贊助評估他們產品價值的研究，可能對科學文獻有形塑的作用，對此的研究請見 Goldacre (2012)。

2 這種邏輯的經典陳述，出現在 Glaser and Strauss (1967)。

第11章——傾向

1 Selvin (1958) 創造了這個詞彙，雖然他把這個想法歸功於 Robinson (1950) 更早發表的一篇論文。

2 例如 Buckingham, Comen, and Suneson (2018)。

3 Federal Bureau of Investigation (2018)。

第12章——證據

1 Eisner (2003)。

2 Robin (2004)。

第13章——同溫層

1 Harrington (1997)。

2 Rosenthal (1966)。

3 Robin (2004)。

4 Rosenthal and Jacobson (1968)。

5 Janis (1982)。

6 Lareau (2011)。

7 要看惡作劇者對這些事件的說法，請看 Pluckrose, Lindsay, and Boghossian (2018)；還有 Sokal and Bricmont (1998)。

第14章——困難的主題

1 Ryan(1971)。

2 Reckless, Dinitz, and Murray (1957)。當然，這個詞彙的起源，早於社會學家開始設法把性別歧視從他們的語言中根除以前。

3 Waiton (2019)。

4 Embrick, Domínguez, and Karsak (2017)。

5 Bonilla-Silva (2015)。

6 Redding (2013)。

參考書目
References

Allport, Gordon W. 1954. *The Nature of Prejudice*. Cambridge, MA: Addison-Wesley.

Arum, Richard, and Josipa Roksa. 2011. *Academically Adrift: Limited Learning on College Campuses*. Chicago: University of Chicago Press.

Becker, Howard S. 1963. *Outsiders: Studies in the Sociology of Deviance*. New York: Free Press.

——. 1986. *Writing for Social Scientists: How to Start and Finish Your Thesis, Book, or Article*. Chicago: University of Chicago Press.

Best, Joel. 2001a. "Giving It Away: The Ironies of Sociology's Place in Academia." *American Sociologist* 32, 1: 107–13.

——. 2001b. "'Status! Yes!': Tom Wolfe as a Sociological Thinker." *American Sociologist* 32, 4: 5–22.

——. 2003. "Killing the Messenger: The Social Problems of Sociology." *Social Problems* 50, 1: 1–13.

——. 2006a. "Blumer's Dilemma: The Critic as a Tragic Figure." *American Sociologist* 37, 3: 5–14.

——. 2006b. *Flavor of the Month: Why Smart People Fall for Fads*. Berkeley: University of California Press.

——. 2016. "Following the Money across the Landscape of Sociology Journals." American Sociologist 47, 2–3: 158–73.

——. 2018. *American Nightmares: Social Problems in an Anxious World*. Oakland: University of California Press.

Billig, Michael. 2013. *Learn to Write Badly: How to Succeed in the Social Sciences*. Cambridge: Cambridge University Press.

Bonilla-Silva, Eduardo. 2015. "The Structure of Racism in Color-Blind, 'Post Racial' America." *American Behavioral Scientist* 59, 11: 1358–76.

Brooks, David. 2000. *Bobos in Paradise: The New Upper Class and How They Got There*. New York: Simon & Schuster.

Brown, Kristi Burton. 2015. "10 Pro-Abortion Myths That Need To Be Completely Debunked." *LifeNews.com*, February 25, www.lifenews.com/2015/02/25/10-pro-abortion-myths-that-need-to-be-completely-debunked.

Buckingham, Cheyenne, Evan Comen, and Grant Suneson. 2018. "America's Most and Least Educated States." *MSN.Money*, September 24, www.msn .com/en-us/money/personalfinance/america's-most-and-least-educated-states/ar-BBNlBSS.

Cardiff, Christopher F., and Daniel B. Klein. 2005. "Faculty Partisan Affiliations in All Disciplines: A Voter-Registration Study." *Critical Review* 17, 3: 237– 55.

Cole, Stephen. 1994. "Why Sociology Doesn't Make Progress Like the Natural Sciences." *Sociological Forum* 9, 2: 133–54.

——. 2006. "Disciplinary Knowledge Revisited: The Social Construction of Sociology." *American Sociologist* 37, 2: 41– 56.

Collins, H. M. 2000. "Surviving Closure: Post-Rejection Adaptation and Plurality in Science." *American Sociological Review* 65, 6: 824–45.

Davis, Murray S. 1993. *What's So Funny? The Comic Conception of Culture and Society*. Chicago: University of Chicago Press.

Davis, Sean. 2015. "7 Gun Control Myths That Just Won't Die." *The Federalist.com*, October 7, http://thefederalist.com/2015/10/07/7-gun-control-myths-that-just-wont-die.

Diamond, Jared. 2005. *Collapse: How Societies Choose to Fail or Succeed*. New York: Viking.

Dickson, Donald T. 1968. "Bureaucracy and Morality: An Organizational Perspective on a Moral Crusade." *Social Problems* 16, 2: 143–56.

Eisner, Manuel. 2003. "Long-Term Historical Trends in Violent Crime." *Crime and Justice* 30: 83–142.

Embrick, David G., Silvia Domínguez, and Baran Karsak. 2017. "More Than Just Insults: Rethinking Sociology's Contribution to Scholarship on Racial Microaggressions." *Sociological Inquiry* 87, 2: 193–206.

Federal Bureau of Investigation. 2018. *2017 Hate Crime Statistics*, Table 12. 請見https://ucr.fbi.gov/hate-crime/2017/topic-pages/tables/table-12.xls.

Fine, Gary Alan, and Daniel D. Martin. 1990. "A Partisan View: Sarcasm, Satire, and Irony as Voices in Erving Goffman's *Asylums*." *Journal of Contemporary Ethnography* 19, 1: 89–115.

Fischer, David Hackett. 1970. *Historians' Fallacies: Toward a Logic of Historical Thought*. New York: Harper & Row.

Furedi, Frank. 2016. "The Cultural Underpinning of Concept Creep." *Psychological Inquiry* 27, 1: 34–39.

——. 2018. *How Fear Works: Culture of Fear in the Twenty-First Century*. London: Bloomsbury Continuum.

Gilson, Dave. 2013. "10 Pro-Gun Myths, Shot Down. *Mother Jones.com*, January 31, www.motherjones.com/politics/2013/01/pro-gun-myths-fact-check.

Glaser, Barney G., and Anselm L. Strauss. 1967. *The Discovery of Grounded Theory: Strategies for Qualitative Research*. Chicago: Aldine.

Goffman, Erving. 1952. "On Cooling the Mark Out: Some Aspects of Adaptation to Failure." *Psychiatry* 15, 4: 451–63.

——. 1961. *Asylums: Essays on the Social Situation of Mental Patients and Other Inmates*. Garden City, NY: Doubleday Anchor.

Goldacre, Ben. 2012. *Bad Pharma: How Drug Companies Mislead Doctors and Harm Patients*. London: Fourth Estate.

Gross, Neil, and Solon Simmons. 2014. "The Social and Political Views of American College and University Professors." In *Professors and Their Politics*, ed. Neil Gross and Solon Simmons, 19–49. Baltimore, MD: Johns Hopkins University Press.

Gubrium, Jaber F., and James A. Holstein. 1997. *The New Language of Qualitative Method*. New York: Oxford University Press.

Harrington, Anne, ed. 1997. *The Placebo Effect: An Interdisciplinary Exploration*. Cambridge, MA: Harvard University Press.

Harris, Scott R. 2014. *How to Critique Journal Articles in the Social Sciences*. Thousand Oaks, CA: Sage.

Haslam, Nick, Brodie C. Dakin, Fabian Fabiano, Melanie J. McGrath, Joshua Rhee, Ekaterina Vylomova, Morgan Weaving, and Melissa A. Wheeler. 2020. "Harm Inflation: Making Sense of Concept Creep." *European University of California Press Review of Social Psychology* 31, 1: 254–86.

Herman, Arthur. 1997. *The Idea of Decline in Western History*. New York: Simon & Schuster.

Janis, Irving L. 1982. *Groupthink: Psychological Studies of Policy Decisions and Fiascoes*. Boston: Houghton Mifflin.

Kohler-Hausmann, Julilly. 2007. "'The Crime of Survival': Fraud Prosecutions, Community Surveillance, and the Original 'Welfare Queen.'" *Journal of Social History* 41, 2: 329–54.

Lakoff, George, and Mark Johnson. 1980. *Metaphors We Live By*. Chicago: University of Chicago Press.

Laposata, Elizabeth, Allison P. Kennedy, and Stanton A. Glantz. 2014. "When Tobacco Targets Direct Democracy." *Journal of Health Politics, Policy, and Law* 39, 3: 537–64.

Lareau, Annette. 2011. *Unequal Childhoods: Class, Race, and Family Life*. 2nd ed. Berkeley: University of California Press.

Lee, Murray. 2007. *Inventing Fear of Crime: Criminology and the Politics of Anxiety*. Cullompton, Devon, UK: Willan.

Merseth, Katherine K. 1993. “How Old Is the Shepherd? An Essay about Mathematics Education.” *Phi Delta Kappan* 74 (March): 548–54.

Mills, C. Wright. 1959. *The Sociological Imagination*. New York: Oxford University Press.

Mosher, Clayton J., Terance D. Miethe, and Dretha M. Phillios. 2002. *The Mismeasure of Crime*. Thousand Oaks, CA: Sage.

Nardi, Peter M. 2017. *Critical Thinking: Tools for Evaluating Research*. Oakland: University of California Press.

National Academies of Sciences, Engineering, and Medicine. 2018. *The Safety and Quality of Abortion Care in the United States*. Washington, DC: National Academies Press. 請見http://nationalacademies.org/ hmd/reports/2018/the-safety-and-quality-of-abortion-care-in-the-united-states.aspx.

National Center for Statistics and Analysis. 2018. *2017 Fatal Motor Vehicle Crashes: Overview*. Traffic Safety Facts Research Note. Report No. DOT HS 812 603. Washington, DC: National Highway Traffic Safety Administration.

Neem, Johann N. 2019. “On Critical Thinking: We Can Only Think Critically about Things about Which We Have Knowledge.” *Hedgehog Review Blog*, August 13, https://hedgehogreview.com/blog/thr/posts/on-critical-thinking.

Ogden, Jane. 2019. *Thinking Critically about Research: A Step-by-Step Approach*. New York: Routledge.

Parkinson, C. Northcote. 1957. *Parkinson's Law, and Other Studies in Administration*. Boston: Houghton Mifflin.

Pease, John, and Rytina, Joan. 1968. “Sociology Journals.” *American Sociologist* 3, 1: 41–45.

Peter, Laurence J., and Raymond Hull. 1969. *The Peter Principle: Why Things Always Go Wrong*. New York: Morrow.

Pinker, Steven. 2018. *Enlightenment Now: The Case for Reason, Science, Humanism, and Progress*. New York: Viking.

Pluckrose, Helen, James A. Lindsay, and Peter Boghossian. 2018. "Academic Grievance Studies and the Corruption of Scholarship." *Areo*, October 2, https://areomagazine.com/2018/10/02/academic-grievance-studies-and-the-corruption-of-scholarship.

Reckless, Walter C., Siom Dinitz, and Ellen Murray. 1957. "The 'Good Boy' in the High Delinquency Area." *Journal of Criminal Law, Criminology, and Police Science* 48, 1: 18–25.

Redding, Richard E. 2013. "Politicized Science." *Society* 50, 5: 439–46.

Robin, Ron. 2004. *Scandals and Scoundrels: Seven Cases That Shook the Academy*. Berkeley: University of California Press.

Robinson, W. S. 1950. "Ecological Correlations and the Behavior of Individuals." *American Sociological Review* 15, 10: 351–57.

Rosenthal, Robert. 1966. *Experimenter Effects in Behavioral Research*. New York: Appleton-Century-Crofts.

Rosenthal, Robert, and Lenore Jacobson. 1968. *Pygmalion in the Classroom: Teacher Expectations and Pupils' Intellectual Development*. New York: Holt, Rinehart & Winston.

Ryan, William. 1971. *Blaming the Victim*. New York: Pantheon.

Scherker, Amanda. 2015. "10 Abortion Myths That Need to Be Busted." *Huffington Post*, January 22, www.huffingtonpost.com/2015/01/13 /abortion-myths_n_6465904.html.

Selvin, Hanan C. 1958. "Durkheim's *Suicide* and Problems of Empirical Research." *American Journal of Sociology* 63, 6: 607–19.

Shiller, Robert J. 2015. *Irrational Exuberance*. 3rd ed. Princeton, NJ: Princeton University Press.

Smith, Tom W. 1992. "Changing Racial Labels: From 'Colored' to 'Negro' to 'Black' to 'African American.'" *Public Opinion Quarterly* 56, 4: 496–514.

Sokal, Alan, and Jean Bricmont. 1998. *Fashionable Nonsense: Postmodern Intellectuals' Abuse of Science*. New York: Picador USA.

Sorokin, Pitirim. 1956. *Fads and Foibles in Modern Sociology and Related Sciences*. Chicago: Regnery.

Toulmin, Stephen Edelston. 1958. *The Uses of Argument*. Cambridge: Cambridge University Press.

Waiton, Stuart. 2019. "The Vulnerable Subject." *Societies* 9: 66.

Zygmunt, Joseph F. 1970. "Prophetic Failure and Chiliastic Identity: The Case of Jehovah's Witnesses." *American Journal of Sociology* 75, 6: 926–48.

洞見
像社會學家一樣批判思考，美國思辨教育的共同必修課，用以檢驗各種主張與立論依據的能力

Is That True? Critical Thinking for Sociologists
by Joel Best

洞見：像社會學家一樣批判思考，
美國思辨教育的共同必修課，
用以檢驗各種主張與立論依據的能力／
喬・貝斯特（Joel Best）著；吳妍儀譯.
－初版.－臺北市：麥田出版：
家庭傳媒城邦分公司發行，民110.08
面； 公分.
譯自：Is that true?:
critical thinking for sociologists
ISBN 978-626-310-056-5（平裝）
1.社會學 2.思維方法 3.推理
540.2 110010120

封面設計 許晉維
印　　刷 漾格科技股份有限公司
初版一刷 2021年8月
初版三刷 2023年10月
定　　價 新台幣350元
I S B N 978-626-310-056-5
Printed in Taiwan

作　　者 喬・貝斯特（Joel Best）
譯　　者 吳妍儀
責任編輯 林如峰
國際版權 吳玲緯
行　　銷 何維民 吳宇軒 陳欣岑 林欣平
業　　務 李再星 陳紫晴 陳美燕 葉晉源
副總編輯 何維民
編輯總監 劉麗真
總 經 理 陳逸瑛
發 行 人 凃玉雲

出　　版

麥田出版
台北市中山區104民生東路二段141號5樓
電話：(02) 2-2500-7696　傳真：(02) 2500-1966
網站：https://www.facebook.com/RyeField.Cite/

發　　行

英屬蓋曼群島商家庭傳媒股份有限公司城邦分公司
地址：10483台北市民生東路二段141號11樓
網址：http://www.cite.com.tw
客服專線：(02)2500-7718; 2500-7719
24小時傳真專線：(02)2500-1990; 2500-1991
服務時間：週一至週五09:30-12:00; 13:30-17:00
劃撥帳號：19863813　戶名：書虫股份有限公司
讀者服務信箱：service@readingclub.com.tw

香港發行所

城邦（香港）出版集團有限公司
地址：香港灣仔駱克道193號東超商業中心1樓
電話：+852 2508-6231　傳真：+852-2578-9337
電郵：hkcite@biznetvigator.com

馬新發行所

城邦（馬新）出版集團【Cite(M) Sdn. Bhd. (458372U)】
地址：41, Jalan Radin Anum, Bandar Baru Sri Petaling,
57000 Kuala Lumpur, Malaysia.
電話：+603-9057-8822　傳真：+603-9057-6622
電郵：cite@cite.com.my